Lehre mich nicht, laß mich lernen

Teil 3

Band 29 der Reihe

Lebendiges Lernen und Lehren

Sabine Alex und Klaus W. Vopel

LEHRE MICH NICHT, LASS MICH LERNEN

Interaktionsspiele für Kinder
und Jugendliche

Teil 3

iskopress

Die Deutsche Bibliothek – CIP-Einheitsaufnahme

Lehre mich nicht, lass mich lernen!:
neue Interaktionsspiele /
Sabine Alex und Klaus W. Vopel. –
Salzhausen : iskopress
ISBN 3-89403-150-6

Teil 3. – 4. Aufl. – 2002
(Lebendiges Lernen & Lehren ; Bd. 29)
ISBN 3-89403-153-0
NE: Lebendiges Lernen & Lehren

4. Auflage 2002
ISBN 3-89403-153-0

Umschlaggestaltung und Grafik im Text:
Mathias Hütter, Schwäbisch Gmünd
Satz und Layout: Alrun Kerksiek
Druck: Runge, Cloppenburg

Inhalt

Einleitung

Arbeitsprinzipien

„Lehre mich nicht, laß mich lernen" führt die Interaktionsspiele für Kinder und die Interaktionsspiele für Jugendliche weiter.

Mit dem neuen Titel möchten wir betonen, daß wir unseren didaktischen Prinzipien treu geblieben sind: Spiele, Experimente und Aufgabe sollen den jugendlichen Teilnehmern eine interessante Gelegenheit bieten, im Rahmen einer Gruppe zu lernen und zu handeln. Gleichzeitig deuten wir an, wie wir in Gruppen mit Kindern und Jugendlichen die Rolle des Gruppenleiters verstehen. Durch seine Gegenwart kann der Gruppenleiter den Teilnehmern etwas sehr Kostbares geben: die Aufmerksamkeit eines Erwachsenen, der dabei sein mag, wenn Jüngere Erfahrungen machen und früher oder später Konsequenzen daraus ziehen, wenn sie gewohnten Perspektiven andere hinzufügen bzw. Altes und Neues integrieren.

Die Präsenz eines Erwachsenen ist bei allen unseren Aktivitäten wichtig. Sie gibt Sicherheit, so daß auch ungewohnte Schritte gemacht werden können. Und sie gibt Hoffnung, denn in gewisser Weise verkörpert der Gruppenleiter das wichtigste und schwierigste Ziel aller Teilnehmer, nämlich einmal selbst wirklich erwachsen zu sein.

Pädagogisches und therapeutisches Geschick ist dann in zweiter Linie wichtig und nützlich.

Wir haben versucht, in den 25 Kapiteln solche Lern- und Lebensbereiche aufzunehmen, die für jeden wichtig und anregend sind. Das heißt: Wir haben Themen des alltäglichen Lebens ausgewählt.

Die Lernstrategien der dazu vorgeschlagenen Aktivitäten kommen aus verschiedenen pädagogischen oder therapeutischen Verfahren und Orientierungen. Manches hat bereits eine richtige Tradition, manches ist von uns ganz neu entwickelt. Wir haben solche Dinge aufgenommen, die wir für praktisch und reizvoll halten und passend zu unseren eigenen Arbeitsprinzipien. Zu diesen möchten wir einige Bemerkungen machen und Hinweise darauf geben, welche praktischen Konsequenzen wir daraus gezogen haben.

1. Wir versuchen, die Einmaligkeit jedes Kindes zu respektieren und zu fördern. Dazu sollen die Teilnehmer möglichst viel voneinander lernen, um persönliche Wege zu finden, die zu ihnen passen und die ihnen helfen, ein ihnen gemäßes Leben zu führen.

Wir betonen das Potential der Teilnehmer, indem wir immer wieder auf die Unterschiede zwischen früher und heute hinweisen und indem wir nach der Zukunft fragen.
In diesem Zusammenhang sind auch die vielen sinnlichen Erfahrungen und Ausdrucksmöglichkeiten zu sehen. Sie ermöglichen dem Kind, seine Individualität nachhaltig zu spüren und zu empfinden.

2. Wir bemühen uns auch angesichts vieler Schwierigkeiten der Teilnehmer um eine optimistische Haltung. In vielen Experimenten können die Teilnehmer eine frische Entscheidung treffen. Sie erleben etwas Überraschendes. Sie werden angeregt, bekannte Dinge aus einer neuen Perspektive zu sehen und aus Unangenehmem Nutzen zu ziehen („Fehler, aus denen man lernen kann"). Wir versuchen, das Interesse der Teilnehmer zu wecken und wachzuhalten.

3. Daher legen wir besonderen Wert auf die Imagination des einzelnen Teilnehmers, auf seine Phantasie. Immer wieder wird die schöpferische Kraft der Kinder provoziert und das Zutrauen zu den weisen Möglichkeiten ihres Geistes gefördert („Stell dir ein Kind in deinem Alter vor, das...", „Erfinde eine Geschichte", „Wie sieht der Platz aus, wo du..."). Wir sind eher zurückhaltend bei der Vermittlung von psychologischen Theorien und möchten auch die seelische Selbstanalyse nicht zu weit treiben.

4. Wir glauben, daß wir die bisher genannten Ziele für die Kinder besser erreichen können, wenn wir die Privatheit und den Schutz des einzelnen Teilnehmers ausreichend berücksichtigen. Daher werden die Teilnehmer immer wieder aufgefordert zu entscheiden, mit wem sie zusammen arbeiten wollen, wie sie eine Aufgabe durchführen möchten („Möchtest du ein Bild malen oder eine Geschichte erfinden?"), wieviel und was sie nach einem Experiment mitzuteilen bereit sind. Dem Schutz der Kinder dient vor allem auch das indirekte Vorgehen in einer Reihe von Experimenten („Erfinde ein Kind, das jünger oder älter ist als du"). Gerade bei heiklen und sehr persönlichen Themen kann diese indirekte Strategie das Mittel der Wahl sein gegenüber der direkten Selbstaussage (vgl. besonders die Experimente in den Kapiteln Liebe, irrationale Annahmen, Verhaltensprobleme).

Wir möchten erreichen, daß Kinder und Jugendliche ihre natürliche Lernbereitschaft ausbauen und sie mit praktischem Handeln verbinden. Wenn das gelingt, können sie später vielleicht selbständige und zufriedene Erwachsene werden.

Eine wesentliche Voraussetzung dafür ist, daß wir es als Gruppenleiter schaffen, daß die Teilnehmer in unseren Gruppen gern lernen. Wir wollen dafür sorgen, daß ihr Lernen über sich selbst und über die Welt als angenehm, interessant und nützlich erlebt wird.

Aus diesem Grunde arbeiten wir bei der Einleitung vieler Experimente mit einer Reihe von Fragen, die das Bewußtsein der Teilnehmer mit anregenden Perspektiven versorgen, sie neugierig machen und alte stereotype Blickrichtungen auflockern. Um Neugier und Überraschungen herbeizuführen, werden oft ungewohnte Aufgaben und Arbeitsformen vorgeschlagen.

Auf derselben Linie liegen die häufig angebotenen Wahlmöglichkeiten in den Experimenten („Soll die Geschichte ein gutes oder ein schlechtes Ende haben?“)

Mit diesen lernpsychologischen Überlegungen verbinden wir die Hoffnung, daß ein Kind, das gern lernt, auch bereit ist, verantwortlich zu handeln. In vielen Experimenten ist die indirekte Botschaft enthalten: „Wenn wir etwas im Leben wollen, müssen wir dafür aktiv werden und es uns auch durch eigene Anstrengung verdienen. Niemand kommt daher und nimmt es uns ab zu planen, zu entscheiden, zu arbeiten.“ In diesem Sinne können wir die Experimente und Spiele auch als interessante Arbeiten bezeichnen. Fast jedes Experiment enthält mindestens eine Aufgabe: Die Teilnehmer müssen entscheiden, gestalten, durchführen, ausdenken.

Sie können ihre eigene Produktivität erleben und genießen und z. T. darüber staunen, wieviel kreative Gestaltungskraft in ihnen steckt. Und gleichzeitig erleben sie die sozialen Aspekte ihrer Tätigkeit. Bei vielen Aktivitäten ist die differenzierte Zusammenarbeit mit einem oder mehr Partnern erforderlich, und stets gibt es Gelegenheit zum Austausch von Erfahrungen und von Feedback.

Es wird niemanden überraschen, wenn ab und zu auch darauf hingewiesen wird, daß zum Leben auch die lästigen Pflichten und unangenehmen Seiten gehören. Wenn wir diese Dinge nicht vermeiden, sondern den Stier bei den Hörnern packen, haben wir mehr Zeit, unser Leben zu genießen!

Zu den Experimenten

Die Darstellung des einzelnen Experiments mit verschieden Angaben haben wir beibehalten. Am wichtigsten sind vermutlich die Beschreibungen der Ziele und die ausführlichen Anleitungen. Wenn Sie diese beiden Sektionen in Ruhe durchlesen, werden Sie vermutlich ahnen, ob das ein passendes Experiment für Ihre Gruppe ist. Wenn Sie mit der betreffenden Gruppe vertraut sind, können Sie ziemlich sicher Ihrer Intuition folgen, die Ihnen entweder „Ja“ sagt oder „lieber nicht“. Wir empfehlen Ihnen sehr, auch auf den eigenen Geschmack zu hören und auf Ihre persönlichen Vorlieben. Überwinden Sie sich nicht selbst. Wir glauben, daß auch der Gruppenleiter das Recht hat, Arbeitsformen zu wählen, die nach seinem Geschmack sind. Da wir bei jedem Kapitel eine stilistisch und inhaltlich breite Auswahl anbieten, werden Sie zu jedem gegebenen Zeitpunkt etwas Passendes finden. Wir wollen nun Anmerkungen folgen lassen zum Bauplan der Experimente. Wenn Sie unsere Absichten kennen, können Sie leichter Ihre eigenen Entscheidungen treffen, Ergänzungen oder Veränderungen vornehmen.

Sie werden sich vorstellen können, wieviel Arbeit in die Ausarbeitung der 25 Kapitel investiert wurde, so daß wir auf Ihre Nachsicht hoffen können, wenn wir uns manchmal vielleicht zu knapp ausgedrückt oder auch etwas vergessen haben.

1. Ziele

Das erste Experiment der meisten Kapitel hat bei der Zielbeschreibung einen längeren Text. Hier haben wir unsere wesentlichsten Überlegungen zu dem beginnenden Kapitel wiedergegeben, manchmal auch Hinweise zum Aufbau des Kapitels. Am Schluß folgt dann die Zielbeschreibung des ersten Experiments.

Mit unseren Zielangaben ist meist nicht erschöpfend beschrieben, was Sie mit einem bestimmten Experiment anregen und lernen lassen können. Wir haben versucht, jedes Kapitel in einer gewissen Sequenz aufzubauen. Beginnend mit grundsätzlichen und einfachen Aspekten des Themas, werden die Experimente später spezieller und z. T. auch etwas schwieriger. Das ist jedenfalls unser Eindruck.

Manchmal haben wir auch eine Erklärung der von uns gewählten Lernstrategie gegeben. Wir glauben, daß in den meisten Fällen die Plausibilität der Arbeitsstruktur auch ohne solche Erklärungen von Ihnen überprüft werden kann.

2. Teilnehmer

Hier haben wir eine durchschnittliche Einschätzung gegeben, von welchem Alter an ein bestimmtes Experiment erprobt werden kann. Das beginnt mit 8 Jahren. Viele Experimente eignen sich für Teilnehmer ab 10 Jahren, einige nur für ältere ab 12 oder 14 Jahren. Wichtig ist, daß viele Experimente natürlich auch mit älteren Teilnehmern erprobt werden können, sogar mit Erwachsenen. Nur umgekehrt kann es schwierig werden.

Die entscheidende Frage ist immer: Paßt der Schwierigkeitsgrad zu der gegebenen Gruppe? Da hier große Unterschiede in persönlicher Reife, Denkstil, Ausdrucksmöglichkeiten, Offenheit etc. bestehen, sind unsere Angaben also eher eine Anregung, keine Garantie.

3. Zeit

Auch hier können wir nur Anhaltspunkte geben. Wie lange Sie für ein Experiment benötigen, hängt häufig auch von der Größe der Gruppe und dem Arbeitsstil der Teilnehmer ab. Je älter die Teilnehmer sind, desto ausführlicher möchten sie sich u. U. mit einer Aufgabe oder mit der Auswertung beschäftigen. Wichtig ist, daß Sie sicherstellen, daß weder für Sie selbst noch für die Kinder Streß entsteht. Wir wissen, daß in vielen Gruppen die Zeitfrage ein heikles Problem ist. Wir haben daher versucht, zu jedem Thema auch eine Reihe von Experimenten anzubieten, die kürzere Zeit beanspruchen.

4. Material

Hier haben wir versucht, möglichst wenig Aufwand für Sie als Gruppenleiter zu verursachen. Manchmal benötigen Sie freien Raum für Bewegungsexperimente. Wir haben das dann nicht extra unter dieser Rubrik angemerkt.

5. Anleitung

Fast ausnahmslos besteht die Anleitung aus zwei Teilen, aus einer Einleitung und aus den Instruktionen für das eigentliche Experiment.

Die Einleitung hat die wichtige Aufgabe, die Aufmerksamkeit der Teilnehmer zu fesseln, ihren Geist vorzubereiten und nützliches, ihnen bekanntes Wissen wieder auftauchen zu lassen. Das können Erinnerungen, Gedanken, Gefühle, Bilder etc. sein. Sehr oft besteht die Einleitung aus Fragen. Insbesondere sie sollten langsam und meditativ gesprochen werden. Fragen vom Typ „Wer von euch hat..." sollten von den Kindern in jedem Fall beantwortet werden. Bei den anderen Fragen steht es Ihnen frei, ob Sie die Teilnehmer laut antworten lassen wollen oder ob jeder die Antworten stumm für sich gibt. Dann wirken diese Fragen wie eine kleine Phantasiereise. Beides hat seine Reize.

Die eigentliche Aufgabe eines Experiments ist manchmal direkt, manchmal indirekt. Die direkten Aufgaben erfordern eine persönliche Stellungnahme („Ich wünsche mir von meinem Leben, daß..."). Es ist natürlich wichtig, daß die Teilnehmer diesen Typ von direkten Mitteilungen über ihre Ansichten, Vorlieben, Gefühle, Hoffnungen etc. oft genug üben können. Daneben gibt es eine große Zahl auch von indirekten Aufgaben, in denen symbolische Figuren (Tiere, Gegenstände, Naturdinge etc.) vorkommen oder in denen die Teilnehmer Personen erfinden oder ihnen bekannte Personen auftreten lassen („Erfinde eine Geschichte von einem Kind in deinem Alter, das..."). Auch dieser Typ von Aufgaben ist wichtig. Zum einen wird – wie schon zuvor gesagt – das Kind bei sehr persönlichen Dingen in seiner Privatheit geschützt, ohne daß das Thema ausgeklammert zu werden braucht, zum anderen kann das Kind üben, sich in andere einzufühlen, die Dinge aus einer „fremden" Perspektive zu sehen. Auch wenn dabei natürlich projiziert wird (Empathie ist immer akkurate Projektion), müssen wir behutsam sein bei der Auswertung und dürfen solche Dinge nicht ohne weiteres als verhüllte Selbstaussagen behandeln.

Auf jeden Fall werden Sie eine Menge von reizvollen Aufgaben entdecken, die auch für Sie selbst verführerisch sein können. Wenn es paßt und Sie Lust haben, können Sie sich bei einer Reihe von Experimenten auf angenehme Weise beteiligen. Wir wissen, daß es viele Kinder gibt, die das schätzen.

6. Auswertung

Bei einer Reihe von Experimenten steht zwischen dem Experiment selbst und der Auswertung die Präsentation der Arbeitsergebnisse. Unsere Vorschläge dazu stehen am Ende der Anleitung in Klammern. Es ist wichtig, daß die Ergebnisse von Kleingruppenarbeit immer im Plenum vorgestellt werden. Dasselbe gilt für bildliche Darstellungen, die auf jeden Fall wenigstens ganz kurz gezeigt werden müssen. Sicher können nicht alle schriftlichen Arbeiten ebenfalls vorgestellt werden. Hier müssen Sie oft repräsentativ vorgehen und mit den Teilnehmern einen akzeptablen Modus vereinbaren.

Oft können Sie die Präsentation von Arbeitsergebnissen mit der Auswertung verbinden. Wir haben eine ganze Reihe von Fragen für die Auswertung vorgeschlagen, so daß Sie Anregungen finden und daraus auswählen können.

Die Bedeutung der Auswertung wird oft überschätzt. Sie sollte eine Gelegenheit sein, offene Fragen zu klären, aber auch festzustellen, was offen bleiben muß. Hier kann die Meinung anderer erfragt werden, es kann Feedback gegeben, bei indirekten Aufgaben kann eine kurze explizite Selbstaussage gemacht werden etc. Auf keinen Fall soll hier eine abstrakte Wiederholung oder gar eine Zusammenfassung der komplexen Vorgänge aus dem Experiment selbst erfolgen.

Wenn Sie gern wissen möchten, wie der einzelne Teilnehmer durch das Experiment bewegt wurde, können Sie in einem Rundgang am Schluß ein Blitzlicht aufleuchten lassen.

Zum Schluß möchten wir Ihnen wünschen, daß Sie Vergnügen bei der Arbeit mit unseren Experimenten, Spielen und Aufgaben erleben und daß auch Ihnen alle Ihre Investitionen belohnt werden.

LIEBE UND SINNLICHKEIT

1

Namen, die die Liebe findet

Ziele

Die Experimente dieses Kapitels versuchen auf einfache Weise, wichtige Aspekte von Liebe und Sexualität so zu klären, daß die Kinder einen persönlichen Weg finden, der sie möglichst wenig enttäuscht. In vielen Fällen hat die Erfahrung in der eigenen Kindheitsfamilie tiefe Zweifel in ihnen gesät. Die Kinder neigen dann dazu, die heilende Macht der Liebe so zu überschätzen, daß sie notwendig enttäuscht werden. Oder sie retten sich in Zynismus und die ebenso fruchtlose Bemühung, Liebe als Spiel und harmloses Vergnügen zu betreiben.

Mit Ihrer Hilfe als wohlwollender Gruppenleiter und Erwachsener kann die Gruppe als eine Art „Schule der Liebe" funktionieren und vielleicht eine Balance im Lernen erreichen, die den Zauber und das Geheimnis der Liebe respektiert und gleichzeitig jene Werte beschützt oder vermittelt, ohne die die Liebe nicht gelebt werden kann. Zu diesen Werten gehören u. a. die Bereitschaft, auf die innere Stimme zu hören, die das Risiko eingeht zu sagen: Ich liebe dich. Die Bereitschaft, Liebe und eine lange Zeitdauer zusammenzubringen. Die Bereitschaft, eine Familie zu haben und Kinder aufzuziehen. Der Verzicht, seinen Partner zu verletzen oder ändern zu wollen.

Die Entwicklung der letzten Jahre hat den Akzent vielleicht zu sehr auf die Glücksmöglichkeiten des einzelnen gesetzt. Wir müssen neu entdecken, daß die Liebe schützende Strukturen braucht, um nicht zu einer schmerzenden Sehnsucht zu werden.

In diesem ersten Experiment wird ein einfacher und elementarer Zugang zu diesem Lebensbereich gewählt: Welche Namen geben wir jenen, die wir lieben?

Teilnehmer

ab 9 Jahren

Zeit

ca. 45 Minuten

Material

Wandtafel o. ä.

Anleitung

Wie nennen euch Mutter oder Vater, wenn sie liebevoll gestimmt sind?... Wie rufen sie euch, wenn sie wütend sind auf euch?... Wie beschimpft ihr ein gleichaltriges Kind, wenn ihr voller Zorn seid?... Was sagt ihr zu eurem besten Freund?... Habt ihr einen liebevollen Spitznamen für sie oder ihn?... Ich möchte, daß wir gleich möglichst viele Namen heraussuchen, die Menschen benutzen für Leute, die sie mögen.

Das können Namen sein für gute Freunde, für Geschwister, für Kinder oder für Eltern, das können freundliche Anreden sein aus dem Sportverein, das können schließlich alle jene Bezeichnungen sein, die wir benutzen, wenn wir verliebt sind bzw. wenn wir jemanden für lange Zeit von ganzem Herzen lieben. Welche liebevollen oder freundlichen Namen fallen euch ein?...

Sammeln Sie ein breites Spektrum solcher Bezeichnungen und Anreden und schreiben Sie sie an die Tafel. Später können Sie jene Namen identifizieren lassen, die von Verliebten gebraucht werden bzw. von Partnern. Es kann auch reizvoll sein, ältere Anreden herauszufinden und sie mit zeitgenössischen zu vergleichen. Anschließend kurze Auswertung. Jeder kann in einem Rundgang sagen, welche liebevolle Anrede ihm selbst z. Z. am besten gefällt

Auswertung

- Wie hat mir das Experiment gefallen?
- Welche Rolle spielen liebevolle Anreden in meiner Familie?
- Bin ich selbst geübt im Gebrauch solcher Anreden?
- Wie gebrauche ich Schimpfworte?
- Welches Klima gibt es in dieser Gruppe? Überwiegen aggressive oder freundliche Anreden? Werden vor allem neutrale Anreden benutzt?
- Warum gebrauchen Menschen liebevolle Anreden?
- Gibt es Menschen, die ohne sie auskommen?
- Was möchte ich sonst noch sagen?

2 Liebe und Haß

Ziele

Diese Polarität erlebt das Kind noch besonders heftig. Hier erhält es sozusagen die Erlaubnis, diese Empfindungen zu haben. Die Struktur des Experiments gestattet dem Kind, in aller Ruhe beide Gefühle zu erleben und ein anderes Kind in das Erleben einzubeziehen. Damit wird ein wichtiger Schritt gemacht, nämlich beide Gefühle etwas mehr unter Kontrolle zu bringen, ohne sie zu verleugnen oder projizieren zu müssen. Es ist ein Schritt zu mehr Autonomie und gleichzeitig zu mehr Einbeziehung anderer. Das jeweils beobachtende Kind profitiert ebenfalls von seiner Aufgabe. Es lernt indirekt, daß wir unsere Gefühle beobachten und „kultiviert" entfalten können.

Teilnehmer

ab 9 Jahren

Zeit

ca. 45 Minuten

Anleitung

Welche Menschen liebt ihr sehr? Und seit wann könnt ihr dieses Gefühl haben? Und welche Menschen haßt ihr manchmal sehr? Und seit wann könnt ihr dieses Gefühl haben?...

Gibt es auch Menschen, die ihr manchmal haßt und manchmal liebt? Und welche Temperatur hat eure Liebe? Welche Temperatur hat euer Haß?...

Ich möchte, daß ihr etwas über Liebe und Haß herausfindet, bei euch selbst oder bei einem anderen Kind in der Gruppe. Sucht euch bitte jemanden aus, mit dem ihr zusammen neugierig sein könnt...

Stellt euch einander gegenüber. Einer von euch kann A sein, der andere B. A wird gleich die Augen schließen. B wird A beobachten.

Alle, die A sind, können nun an jemanden denken, den sie lieben. Versucht, das Gefühl von Liebe zu spüren... Laßt es stärker werden... Vielleicht könnt ihr daran denken, was ihr alles Schönes mit dieser Person erlebt habt, was diese Person für euch bedeutet. Wo im Körper spürt ihr das Gefühl der Liebe? Hat es eine Temperatur? Hat es eine Farbe? Hat es eine Art Oberfläche? Was könnt ihr noch alles über das Gefühl der Liebe in euch herausfinden? Konzentriert all euer Denken, Fühlen und eure Phantasie auf das Empfinden der Liebe... (30 Sekunden)

Nun öffnet die Augen bitte. Fragt euren Partner, was er beobachtet hat. Was konnte er sehen? Was stellte er sich vor? Was, glaubte er, würdet ihr denken? Sprecht miteinander, was ihr entdeckt habt. Wo im Körper spürtet ihr Liebe? Hatte sie eine Farbe, eine Temperatur, eine Oberfläche? Ihr habt 3 Minuten Zeit...

Nun schließt als A bitte wieder die Augen. Stellt euch nun jemanden vor, den ihr haßt. Konzentriert euch auf das Gefühl des Hasses und laßt es in euch wachsen. Betont es. Wo in eurem Körper könnt ihr dieses Gefühl entdecken? Hat es eine Temperatur? Hat es eine Farbe? Hat es eine Oberfläche? Was könnt ihr alles über das Gefühl des Hasses in euch herausfinden? Konzentriert all euer Denken, Fühlen und eure Phantasie auf das Empfinden des Hasses... (30 Sekunden)

Öffnet bitte wieder eure Augen. Fragt euren Partner, was er diesmal beobachtet hat. Was konnte er sehen? Was stellte er sich vor? Was glaubte B über eure Gedanken? Sagt einander, was ihr bemerkt habt. Wo im Körper habt ihr Haß gespürt? Hatte dieses Gefühl eine Farbe, eine Temperatur, eine Oberfläche? Wie fühlte sich der Haß im Vergleich zur Liebe an?... (3 Minuten)

Bitten Sie die Kinder anschließend, die Rollen zu tauschen. Wiederholen Sie die Anweisungen entsprechend. Dann Auswertung.

Auswertung

- Wie hat mir das Experiment gefallen?
- Woran bemerke ich im Alltag, daß ich eine liebevolle Empfindung habe? An meinen Gedanken? Im Körper? An meiner Stimme?
- Woran bemerke ich im Alltag, daß ein anderer Mensch freundlich oder liebevoll eingestellt ist?
- Welche Farbe würde ich der Liebe bzw. dem Haß geben?
- Welche Temperatur?
- Welche Art der Oberfläche?
- Welche Bewegungen und welche Töne?
- Warum müssen Menschen für dieselbe Person Liebe und Haß empfinden?
- Was möchte ich sonst noch sagen?

3

Signale der Liebe

Ziele
Nicht nur Kinder sind immer wieder damit beschäftigt herauszufinden, ob sie von anderen gemocht oder gar geliebt werden. In diesem Experiment können die Kinder ihre Beobachtungsgabe schärfen und ihre Kunst im Entschlüsseln von Signalen entwickeln. Sie können sich in einer wichtigen Fertigkeit üben, die bei allen sozialen Kontakten mit darüber entscheidet, wie flexibel und sicher wir uns mit anderen verständigen können.

Teilnehmer
ab 9 Jahren

Zeit
ca. 60 Minuten

Material
Papier und Bleistift

Anleitung
Wie könnt ihr herausfinden, ob ihr von einem anderen Menschen gemocht oder geliebt werdet? Wer von euch denkt manchmal darüber nach?...

Wer von euch glaubt, daß er schnell bemerken kann, ob ein anderer ihn mag? Wer hat sich schon manchmal getäuscht?...

Woran kann ein Kind in eurem Alter merken, daß es von seinen Eltern geliebt wird? Woran, daß es von seinen Geschwistern geliebt wird?...

Woran können Eltern merken, daß sie von ihren Kindern geliebt werden?... Woran kann eine Frau merken, daß sie von ihrem Mann geliebt wird? Woran kann ein Mann merken, daß er von seiner Frau geliebt wird?...

Und wenn sich Menschen neu kennenlernen: Woran können sie merken, daß der andere sie mag oder schätzt? Wie zeigen Erwachsene, daß sie andere Erwachsene anziehend finden? Wie zeigt das eine Frau einem Mann? Und wie zeigt das ein Mann einer Frau?...

Und wenn sich Kinder in eurem Alter kennenlernen, woran können sie bemerken, daß ein anderes Kind sie mag oder schätzt? Wie zeigen Kinder einander, daß sie sich anziehend finden? Welche Zeichen benutzen sie? Wann benutzen sie welche Hinweise?...

Und wenn ein Junge in ein Mädchen verliebt ist, wie zeigt er das? Und wenn ein Mädchen in einen Jungen verliebt ist, wie zeigt es das? Wie deutlich?... Ich möchte, daß ihr gleich zu viert zusammenkommt, um die Zeichensprache der Sympathie und der Liebe zu untersuchen. Mit wem möchtet ihr zusammenarbeiten?...

Untersucht, wie wir Menschen Freundlichkeit und Liebe ausdrücken: zwischen Menschen eures Alters, zwischen Erwachsenen und Kindern oder unter Erwachsenen. Untersucht, was euch interessiert. Und schreibt gemeinsam auf, was ihr herausfindet. Sagt einander ganz genau, wo, in welcher Situation, bei wem ihr bestimmte Anzeichen von Sympathie und Liebe bemerken konntet. Sagt einander auch, wann ihr euch in eurer Vermutung einmal getäuscht habt, oder begründet, weshalb ihr glaubt, daß eure Vermutung richtig war.

Wie kann man überhaupt feststellen, ob man diese Zeichen richtig gelesen hat?

Habt ihr verstanden, was ich meine?... Laßt euch 30 Minuten Zeit für eure Arbeit....

Größere Kinder können aus dieser Aufgabe ein umfangreicheres Projekt ableiten. – Lassen Sie die Teams anschließend berichten. Lassen Sie möglichst alle gefundenen Anzeichen zu Personenkonstellationen derselben Sorte nennen. Anschließend Auswertung im Plenum.

Auswertung

- Wie hat mir das Experiment gefallen?
- Wie gut beobachte ich andere Menschen?
- Welche Zeichen benutze ich selbst, wenn ich jemanden mag?
- Wozu ist diese Zeichensprache wichtig?
- Kenne ich die Zeichensprache von Tieren, z. B. von Hunden?
- Was war neu für mich?
- Was möchte ich üben?
- Was möchte ich sonst noch sagen?

4 Erfahrung der Liebe

Ziele
Für ältere Kinder und Jugendliche ist dies eine reizvolle und subtile Möglichkeit, über die Liebeserfahrungen des eigenen Lebens nachzudenken. Die ungewöhnliche Struktur des Experiments hilft den Teilnehmern, kulturelle Klischees zu vermeiden und statt dessen dem eigenen Empfinden Ausdruck zu geben.

Teilnehmer
ab 14 Jahren

Zeit
ca. 60 Minuten

Material
Für jeden Teilnehmer ein Blatt Konstruktionskarton und einen Eßlöffel Sesamsamen, Reis o. ä.

Anleitung
Welche Erfahrung hattet ihr in eurem Leben mit der Liebe gemacht? Wie habt ihr Liebe und Geborgenheit erlebt, als ihr ein kleines Kind wart? Habt ihr den Eindruck, daß eure Eltern euch so viel Liebe geben konnten, wie ihr damals brauchtet?

Und welche Erfahrung habt ihr später mit der Liebe gemacht, z. B als ihr zur Schule kamt? Welche Rolle spielte damals die Liebe in eurem Leben? Schwärmtet ihr für einen Lehrer, für die neuen Kameraden? Oder blieb das Zentrum der Liebe innerhalb der Familie? Welche Erwachsenen wurden in den folgenden Jahren von euch geliebt?

Und in den ersten Jahren der Schulzeit: Welche anderen Kinder wurden von euch gemocht oder sogar geliebt? Hattet ihr intensive Freundschaften? Wer war euer bester Freund oder eure beste Freundin? Konntet ihr lernen, eine liebevolle Beziehung zu genießen oder mußtet ihr euch anstrengen, brav oder tüchtig zu sein, um geliebt zu werden? Konntet ihr es aushalten, anderen eure Zuneigung anzubieten und ab und zu keine Erwiderung zu finden? Und wann wußtet ihr das erste Mal, daß ihr in eine Person des anderen Geschlechts richtig verliebt wart? Was war das für eine Empfindung? Wie konntet ihr dieser Person eure Liebe zeigen?

Und was habt ihr von den Erwachsenen bisher über die Liebe gelernt, von euren Eltern, den Verwandten, von Lehrern, aus Büchern oder aus Filmen? Wozu ist die Liebe da? Was bewirkt sie? Wie muß man vorgehen, um mit der Liebe ein gutes Leben zu führen? Wann wird Liebe gefährlich? Wann belanglos?

Und wie möchtet ihr die Liebe in dem Leben, das vor euch liegt, erleben? Welche Rolle soll Liebe für euch spielen? Welchen Platz wollt ihr der Liebe in eurem Leben einräumen?

Ich möchte, daß ihr gleich eure Erfahrungen mit der Liebe zum Ausdruck bringt. Und weil wir zwar unser ganzes Leben lang mit der Liebe zu tun haben, sie aber nie richtig festhalten können, möchte ich eine besondere Form der Arbeit vorschlagen.

Jeder von euch bekommt einen Bogen Karton und einen Löffel Sesamsamen. Legt aus den kleinen Samenkörnern irgendeine Form auf den Karton, irgendeine Art Bild, das andeutet, wie ihr ganz persönlich über die Liebe denkt, was ihr von ihr erwartet, wie ihr sie in eurem Leben benutzen wollt. Experimentiert mit dem Sesamsamen und legt ihn auf verschiedene Weise, bis vielleicht langsam irgendein Muster entsteht, das zu euch und zu eurem Denken über Liebe paßt. Und die beweglichen kleinen Samenkörner sollen euch daran erinnern, daß die Liebe ebenfalls sehr empfindlich ist. Sie ist leicht irritiert, wenn wir unbedacht oder grob sind. Sie erfordert Fingerspitzengefühl und ein gutes Auge. Wir müssen lernen, unsere Hand zu öffnen, um die Liebe zur Entfaltung zu bringen.

Habt ihr verstanden, was ich meine?... Laßt euch 20 Minuten Zeit, um mit den Sesamsamen und der Liebe zu experimentieren...

Lassen Sie die Teilnehmer von ihren Erfahrungen berichten und Freiwillige ihre Sesambilder zeigen. Anschließend Auswertung.

Auswertung

- Wie hat mir das Experiment gefallen?
- Was war wichtig für mich?
- Was dachte ich früher über die Liebe?
- Was denke ich jetzt?
- Wessen Bild hat mir gefallen?
- Womit kann man die Liebe verjagen?
- Was läßt die Liebe andauern?
- Was möchte ich sonst noch sagen?

5

Bild-Gedicht

Ziele

Auch hier können ältere Kinder und Jugendliche ihre Auffassung von der Liebe bedenken und ausdrücken. Die Kombination von Bild und Text gibt eine reizvolle Herausforderung für Verstand und Intuition, um einen künstlerischen „Schnappschuß" von der eigenen Liebeskonzeption zu machen.

Teilnehmer

ab 14 Jahren

Zeit

ca. 60 Minuten

Material

Zeichenpapier, farbiger Konstruktionskarton, Klebstoff, Schreibzeug

Anleitung

Wie viele verschiedene Auffassungen von der Liebe kennt ihr? Was denken eure Eltern über die Liebe? Denkt eure Mutter ebenso wie der Vater? Was denken eure Lehrer über die Liebe? Euer Pfarrer? Welche Schriftsteller haben euch Anregungen gegeben zu dem Bild, das ihr von der Liebe habt? Und welches Bild von der Liebe hattet ihr als kleines Kind? Welches Bild habt ihr jetzt? Wie findet ihr die Liebe: notwendig, enttäuschend, aufregend, gesund, unberechenbar? Wie sonst?

Ich möchte, daß jeder von euch ein kleines Bild-Gedicht über die Liebe anfertigt. Darin sollen sich Bildelemente mischen mit Textelementen. Die Bildelemente könnt ihr aus dem farbigen Karton schneiden und aufkleben. Der Text soll etwas über die Liebe mitteilen, was ihr bemerkenswert findet. Die einzelnen Zeilen müssen sich nicht reimen. Versucht eine Verteilung von Bild und Textelementen zu finden, die zu dem paßt, was ihr zu sagen habt.

Habt ihr verstanden, was ich meine?... Laßt euch 30 Minuten Zeit...

Bitten Sie die Teilnehmer, ihre Schöpfungen kurz zu zeigen. Dann können die Texte vorgelesen werden. Anschließend Auswertung.

Auswertung

- Wie hat mir das Experiment gefallen?
- Wie finde ich mein eigenes Bild-Gedicht?
- Wessen Bild-Gedicht gefällt mir besonders gut?
- Habe ich schon einmal ein Liebesgedicht geschrieben?
- Lese ich gern Liebes-Lyrik?
- Was sind die Quellen meines Verständnisses von Liebe?
- Weiß ich genug über die Liebe?
- Was möchte ich herausfinden?
- Was möchte ich sonst noch sagen?

6 Verliebt 1

Ziele
Dies ist eine ausgezeichnete Gelegenheit, geschützt durch ein literarisches Inkognito die eigenen liebevollen Gedanken zu entwickeln und gleichzeitig zu versuchen, sich in die Empfindungswelt des anderen Geschlechts hineinzuversetzen. Wie fühlen verliebte Jungen? Wie fühlen verliebte Mädchen? Was ist ähnlich? Welche Unterschiede gibt es?

Teilnehmer
ab 12 Jahren

Zeit
ca. 60 Minuten

Material
Papier und Bleistift

Anleitung
Wart ihr schon einmal verliebt? Wie ist das, wenn man plötzlich bemerkt, daß man begonnen hat, jemanden zu lieben? Was geht voraus? Was zieht euch an? Wann könnt ihr eure Gefühle dann zuerst deutlicher zeigen? Was sind eure Gedanken? Eure Befürchtungen? Eure Hoffnungen?...

Ich möchte, daß ihr gleich zwei Monologe schreibt. Stellt euch vor, daß ein Junge sich in ein Mädchen verliebt hat, das gar nicht weiß, daß es diesen Jungen gibt. Und stellt euch ebenfalls vor, daß ein Mädchen sich in einen Jungen verliebt hat, der gar nicht weiß, daß es dieses Mädchen gibt. In beiden Fällen geht es also um eine Liebe, die bei einer Person anfängt. Was sind die geheimen Gedanken des verliebten Jungen? Was sind die geheimen Gedanken des verliebten Mädchens? Gibt es Unterschiede in den Empfindungen?

Erfindet für beide Personen einen Monolog, in dem jede Person über ihre Situation spricht und ihre innersten Gedanken und Regungen mitteilt.

Habt ihr verstanden, was ich meine?... Laßt euch 20 Minuten Zeit...

Lassen Sie zunächst einige Monologe des verliebten Mädchens vorlesen von Jungen und Mädchen, dann einige Monologe des verliebten Jungen. Lassen Sie die Kinder die Monologe vergleichen, dann vielleicht beide Monologe eines Autors vorlesen. Anschließend Auswertung.

Auswertung

- Wie hat mir das Experiment gefallen?
- Was hat mich überrascht?
- Was fand ich besonders interessant?
- Wessen Monologe fand ich ansprechend?
- Sind die Unterschiede zwischen verliebten Jungen und verliebten Mädchen größer oder kleiner, als ich dachte?
- Wie haben die Mädchen der Gruppe das verliebte Mädchen sprechen lassen, wie die Jungen?
- Wie haben die Jungen der Gruppe den verliebten Jungen sprechen lassen, wie die Mädchen?
- Was ist gleich bei verliebten Jungen und Mädchen? Was ist anders?
- Was möchte ich sonst noch sagen?

7 Verliebt 2

Ziele
Wie schwierig ist es für Verliebte oft, das zu sagen, was ihnen am Herzen liegt. Dies ist eine schöne Übungssituation für Jungen und Mädchen, um spielerisch eine fiktive Person Dinge sagen zu lassen, die sie selbst unmittelbar vielleicht noch nicht über die Lippen bringen können.

Teilnehmer
ab 12 Jahren

Zeit
ca. 90 Minuten

Material
Papier und Bleistift

Anleitung
Wart ihr schon einmal dabei, als sich ein Liebespaar kennenlernte und die ersten Worte wechselte? Wißt ihr, unter welchen Umständen sich eure Eltern kennenlernten und worüber sie zuerst sprachen? Welche Szenen aus Büchern, Theaterstücken oder Filmen kennt ihr, in denen ein Liebespaar die ersten Worte wechselt?

Wie sprechen Kinder eures Alters miteinander, wenn sie sich zu zueinander hingezogen fühlen? Seid ihr selbst bei solchen Gelegenheiten schüchtern oder kühn oder vorsichtig oder direkt? Wart ihr noch nicht verliebt?...

Ich möchte, daß ihr immer zu zweit verschiedene Möglichkeiten erforscht, wie ein Liebespaar beim Kennenlernen miteinander sprechen kann. Mit wem möchtet ihr zusammenarbeiten?...

Setzt euch zusammen an einen Tisch. Ich möchte, daß ihr gleich gemeinsam einen Dialog erfindet, der von einem Liebespaar gesprochen wird. Einigt euch, wie alt das Liebespaar sein soll. Etwas älter als ihr? Etwas jünger? Genauso alt? Vielleicht soll euer Liebespaar schüchtern sein. Dann entscheidet, wer von euch die Worte des schüchternen Jungen aufschreibt und wer die Worte des schüchternen Mädchens. Schreibt auf einem Blatt. Jeder ist nur für die Worte seiner Person verantwortlich. Überlegt auch, wie eure Personen heißen sollen, was sie tun, woher sie kommen etc. Gebt ihnen eine „Persönlichkeit", an der ihr interessiert sein könnt.

Vielleicht soll euer Liebespaar mutig sein. Dann laßt den Jungen und das Mädchen direkter sagen, was sie denken und empfinden. Gebt auch hier jedem seine Persönlichkeit und entscheidet, wer die Worte des Jungen und wer die Worte des Mädchens aufschreibt.

Vielleicht soll euer Liebespaar ein gemischtes sein. Dann laßt den einen Partner mutig und den anderen schüchtern sein. Wie wird dieser Dialog gehen? Entscheidet wieder, wer für welche Rolle zuständig ist, und sagt einander, welche Persönlichkeit ihr euch ausgedacht habt.

Habt ihr verstanden, was ich meine?... Laßt euch für euren Dialog 30 Minuten Zeit...

Lassen Sie verschiedene schüchterne Dialoge vorlesen bzw. vorspielen, anschließend dann die mutigen und gemischten Dialoge.

Auswertung

- Wie hat mir das Experiment gefallen?
- Was war besonders interessant für mich?
- Wie war die Zusammenarbeit mit meinem Partner?
- Was hat mich neugierig gemacht?
- Was sind Vor- und Nachteile aller drei Konstellationen?
- Was möchte ich sonst noch sagen?

8 Zum Fressen gern

Ziele
Auch Sinnlichkeit ist eine Frage der Phantasie. Mit Hilfe der Phantasie wird unsere Sinnlichkeit subtiler, langlebiger und zärtlicher. in der Regel ist die Kultivierung der Sinnlichkeit vor allem für Jungen wichtig, die in diesem Punkt vor einem Dilemma stehen: Wie kann ich zärtliche Sinnlichkeit mit meiner männlichen Identität verbinden, ohne aus der Rolle zu fallen? Bei diesem Experiment zur Sinnlichkeit ist es besonders wichtig, indirekt vorzugehen und jedem Kind das benötigte Inkognito zu lassen.

Die Gruppe sollte gut miteinander vertraut sein und Vertrauen zu Ihnen als Gruppenleiter entwickelt haben.

Teilnehmer
ab 14 Jahren

Zeit
ca. 60 Minuten

Material
Papier und Bleistift

Anleitung
Kennt ihr die Redewendung, daß man jemanden „zum Fressen gern" hat? Was bedeutet sie? Wie kommt diese Redewendung zustande? Manche Menschen mögen wir gern mit den Lippen berühren und küssen. Habt ihr schon einmal jemanden etwas beißen mögen? Gibt es Menschen, die ihr gern riecht? Gibt es Menschen, die ihr nicht riechen könnt, die „verduften" sollen? Gibt es Menschen, die ihr gern streicheln mögt? Gibt es Menschen, die ihr am liebsten mit dem Fuß oder mit der Faust berühren möchtet?

Ich möchte, daß ihr gleich einen Menschen beschreibt, der so aussieht, daß man ihn zum Fressen gern haben kann. Ihr könnt entscheiden, ob ihr jemanden beschreiben wollt, den ihr kennt, oder ob ihr jemanden aussuchen wollt, den ihr nicht kennt. Und ihr könnt entscheiden, ob ihr eurem eigenen Geschmack folgen wollt oder ob ihr dem Geschmack der Mode folgen wollt und jemanden beschreibt, dessen Äußeres heutzutage „in“ ist. Beschreibt die Person so, daß deutlich ist, daß der Erzähler sehr angezogen ist und dieser Person ganz nahe kommen möchte. Übertreibt dabei ruhig ein wenig. Beschreibt vor allem jene einzelnen Teile und Merkmale, die für den Erzähler besonders verführerisch und appetitlich sind.

Habt ihr verstanden, was ich meine?... Laßt euch nun 15 Minuten Zeit...

Lassen Sie zunächst Paare zusammenkommen und sich ihre Texte vorlesen und kurz miteinander darüber sprechen. Anschließend können Freiwillige im Plenum vorlesen.

Auswertung

- Wie hat mir das Experiment gefallen?
- Wie bin ich mit meiner Beschreibung zufrieden?
- Wessen Text hat mich gefreut?
- Warum ist es so schwierig, über sinnliche Dinge zu sprechen?
- Wie würde ich mein Kind erziehen?
- Wen finde ich in dieser Gruppe attraktiv?
- Was möchte ich sonst noch sagen?

9 Küssen

Ziele

Dies ist eine hübsche Gelegenheit für Jugendliche, ihren hoffentlich schon gewonnenen erotischen Mut unter Beweis zu stellen und ihren guten Geschmack zu festigen. Schlagen Sie dieses Experiment nur vor, wenn Sie selbst Lust dazu haben und den Eindruck gewinnen konnten, daß in der Gruppe genügend Amateure sind, die diese Art der Inspiration gebrauchen können. Rechnen Sie damit, daß manche Teilnehmer die psychische Spannung neutralisieren, indem sie einen paradoxen Stil wählen.

Teilnehmer

ab 14 Jahren

Zeit

ca. 45 Minuten

Material

Papier und Bleistift

Anleitung

Welche Arten des Kusses kennt ihr? Wißt ihr, wie sich gute Bekannte im Süden begrüßen? Wie küßt ein kleines Kind? Wie küßt ihr eure Eltern? Wie viele verschiedene Arten zu küssen kennt ihr selbst? Welche Tiere küssen ihre Artgenossen? Wißt ihr, was ein Judas-Kuß ist? Kennt ihr den Kuß des Todesengels? Bis zu welchem Alter küssen Menschen gern? Kennt ihr medizinische Probleme im Zusammenhang mit Küssen?

Ich möchte, daß ihr diesem bedeutsamen kulturellen und persönlichen Thema etwas Zeit gebt. Schreibt eine Gebrauchsanweisung „Wie man küßt". Ihr könnt euch überlegen, für wen ihr diese Gebrauchsanweisung schreiben wollt, für einen schüchternen, gleichaltrigen Freund, für einen schüchternen, verliebten Erwachsenen, für einen Angehörigen einer fremden Kultur, wo die Leute ganz anders küssen, für jemanden, den ihr kennt?...

Und ihr könnt auch entscheiden, ob ihr euch in euren Ratschlägen an euren persönlichen Geschmack halten wollt oder ob ihr eine ganz neue Art des Kusses erfinden wollt oder ob ihr eine Kombination von Bewährtem und Exotischem anstrebt. Und laßt eure Notizen ohne Namen. Wir werden sie nachher anonym vorlesen.

Habt ihr verstanden, was ich meine?... Laßt euch 20 Minuten Zeit...

Lassen Sie einen Teilnehmer alle Arbeiten einsammeln und damit beginnen, sie vorzulesen. Geben Sie ggf. auch einigen schüchternen Teilnehmern die Chance vorzulesen. Anschließend Auswertung.

Auswertung

- Wie hat mir das Experiment gefallen?
- War das ein passendes Experiment für diese Gruppe? Warum? Warum nicht?
- Wie lernt man am besten die verschiedenen Arten des Küssens? Von Gleichaltrigen? Von Älteren?
- Was denke ich über die Zukunft des Kusses?
- Was möchte ich sonst noch sagen?

10 Zärtlichkeit

Ziele
Mädchen und Jungen haben hier Gelegenheit, etwas von den Erwartungen des anderen Geschlechts im Blick auf Zärtlichkeit zu hören. Das kann Anregungen geben und Ermutigung, auf diesem Feld Phantasie und Taktgefühl zu entwickeln. Die Gruppe sollte vertraut miteinander und mit ihnen als Gruppenleiter sein.

Teilnehmer
ab 12 Jahren

Zeit
ca. 60 Minuten

Material
Papier und Bleistift

Anleitung
Wieviel Zärtlichkeit braucht ein sechs Wochen altes Kind am Tag? Wie lange muß es gestreichelt werden? Wie viele zärtliche Worte sollte es hören? Wie oft muß es auf zärtliche Weise seine Nahrung bekommen? Was geschieht eurer Meinung nach mit einem Baby, das zuwenig Zärtlichkeit bekommt? Wozu braucht ein kleines Kind Zärtlichkeit?...

Wozu brauchen Menschen in eurem Alter Zärtlichkeit?... Wozu brauchen Erwachsene Zärtlichkeit?...

Welche Art von Zärtlichkeit brauchen Jungen in eurem Alter? Mädchen in eurem Alter?...

Ich möchte, daß ihr gleich überlegt, Jungen mit Jungen, Mädchen mit Mädchen, welche Art Zärtlichkeit ihr braucht. Bildet bitte Paare. Erfindet nun als Jungenpaar ein Mädchen und beschreibt, welche Art Zärtlichkeit dieses ideale Mädchen zeigen kann. Welche Möglichkeit hat das Mädchen, um die zärtlichen Bedürfnisse eines Jungen zu berücksichtigen.

Und als Mädchenpaar erfindet einen Jungen und beschreibt, welche Art Zärtlichkeit dieser ideale Junge zeigen kann. Welche Möglichkeiten hat dieser Junge, um die zärtlichen Wünsche eines Mädchens zu erfüllen?

Schreibt gemeinsam auf, wie diese erfundene Person sich verhalten würde. In welchen Situationen würde ihre Zärtlichkeit besonders zum Ausdruck kommen? Wie würde diese Person zärtlich sein? Wie könntet ihr mit dieser Person sprechen? Wie würde diese Person euch berühren? Welche Hinweise braucht diese Person von euch, damit sie weiß, was ihr mögt?

Schreibt eure Namen nicht auf das Blatt. Wir werden die Texte nachher anonym vorlesen.

Habt ihr verstanden, was ich meine?... Ihr habt 30 Minuten Zeit...

Lassen Sie die Arbeiten von einem Teilnehmer einsammeln und lesen Sie dann jeweils zwei Texte vor: zu einem idealen Jungen und zu einem idealen Mädchen. Wie passen beide zusammen? Welche Erwartungen sind ähnlich? Gibt es große Unterschiede? Sie können auch zunächst alle Texte der Mädchen vorlesen und besprechen und danach die Texte der Jungen. Oder – bei geübten Gruppen – können sich die Mädchen mit den Texten der Jungen ins Fishbowl setzen und deren Wünsche besprechen, danach kommen dann die Jungen ins Fishbowl. Die Außengruppe hört jeweils schweigend zu.

Auswertung

- Wie hat mir das Experiment gefallen?
- Wie konnte ich mit meinem Partner zusammenarbeiten? Welche Differenzen gab es?
- Was ist mir am wichtigsten in puncto Zärtlichkeit?
- Welche Beschreibung hat mir gut gefallen?
- Was habe ich als Junge von den Beschreibungen der Mädchen gelernt?
- Was habe ich als Mädchen von den Beschreibungen der Jungen gelernt?
- Weshalb ist Zärtlichkeit so wichtig?
- Weshalb ist Zärtlichkeit an Verständnis und Einfühlung gebunden?
- Was möchte ich in Zukunft beachten oder lernen?
- Was möchte ich sonst noch sagen?

11 Versprechungen

Ziele

Die Liebe lebt auch von den direkten oder indirekten Versprechungen. Und gebrochene Versprechungen sind Bestandteil jeder enttäuschten Liebesbeziehung, ob sie in eine Ehe mündet oder nicht. Wo liegt die Grenze zwischen zuviel und zuwenig, was zu versprechen ist? Zwischen Möglichem und Irrealem? Kinder und Jugendliche müssen sich oft mühsam an diese Grenze herantasten.

In diesem Experiment können gemischte Teams gemeinsam versuchen, an der Balance zwischen eigenen Interessen und den Wünschen des Partners zu arbeiten.

Teilnehmer

ab 13 Jahren

Zeit

ca. 90 Minuten

Material

Papier und Bleistift

Anleitung

Was erwarte ich von einem Freund? Soll er ehrlich sein? Euch nicht im Stich lassen? Euch helfen, wenn ihr in Schwierigkeiten seid? Was sonst?... Was erwarten zwei Menschen, die sich lieben, voneinander? Daß der andere meine Stärken und Schwächen kennt? Daß der andere mich nicht verletzt? Daß der andere in meiner Gegenwart auflebt? Was sonst?...

Was erwarten Jugendliche in eurem Alter von einer Liebesbeziehung? Zärtlichkeit? Unterstützung? Wärme?... Und was versprechen sich Liebespaare? Kennt ihr ein Liebespaar, das ein Versprechen viele Jahre lang gehalten har? Kennt ihr ein Liebespaar, das ein Versprechen schnell gebrochen hat? Welche Versprechen sind wichtig? Welche sind überflüssig oder schädlich?... Ich möchte, daß ihr über solche Versprechen zusammen nachdenkt. Bildet bitte gemischte Paare, immer ein Mädchen und ein Junge...

Überlegt gleich gemeinsam, welche Versprechen sich Liebende überhaupt geben. Denkt an Menschen verschiedener Altersstufen und macht eine gemeinsame Liste mit all den Versprechungen, die Männer Frauen geben und die Frauen Männern geben. Denkt daran, daß manche Versprechen feierlich und mit Worten gegeben werden. Andere werden indirekt und ohne Worte gegeben. Und manche Versprechen werden vielleicht nur erhofft von einem der Partner.

Habt ihr verstanden, was ich meine?... Laßt euch 15 Minuten Zeit...

Nun stoppt mit dem Anfertigen der Liste und sucht euch ein oder zwei Versprechen aus, die ihr für eine Liebesbeziehung für wichtig haltet. Soll das eine Liebesbeziehung zwischen Erwachsenen sein? Zwischen Menschen in eurem Alter? Zwischen verheirateten Leuten?...

Und sucht dann auch ein oder zwei Versprechen aus, die ihr für sehr riskant haltet oder für unzweckmäßig. Überlegt auch da, an welche Art Beziehung ihr denkt. Laßt euch 10 Minuten Zeit...

Nun bereitet zwei kurze Rollenspiele vor, in denen es um Versprechungen geht. Laßt in einem Rollenspiel eine unzweckmäßige Versprechung vorkommen, in dem anderen eine eurer Meinung nach sinnvolle. Und überlegt, um welche Art Liebespaar es dabei gehen soll. Wie alt sind die Partner? Was sind ihre Lebensumstände? Unter welcher Zukunftsperspektive steht die Beziehung?... Laßt euch dafür 5 Minuten Zeit...

Lassen Sie verschiedene Paare beide Szenen nacheinander vorspielen. Bitten Sie die Zuschauer, genau achtzugeben, welche Körpersprache in beiden Situationen benutzt wird. Danach Auswertung.

Auswertung

- Wie hat mir das Experiment gefallen?
- Was habe ich von meinem Partner gelernt?
- Weshalb sind Versprechungen wichtig?
- Welche Versprechungen sind sinnvoll?
- Welche sind schädlich?
- Wollen Männer z. T. andere Versprechen als Frauen?
- Welche Rolle spielt derjenige, der ein unsinniges Versprechen entgegennimmt oder sogar provoziert?
- Weshalb sind an enttäuschenden Versprechen immer beide Partner beteiligt?
- Was ist der Unterschied zwischen einem Liebespaar auf Zeit und einer Ehe?
- Wie kann man sich auf eine lange Liebesbeziehung oder auf eine Ehe vorbereiten?
- Was war das wichtigste für mich?
- Was möchte ich sonst noch sagen?

12 Enttäuschungen

Ziele

Liebe kann mit Schwierigkeiten zurechtkommen und an ihnen wachsen. Enttäuschungen machen die Liebe welk und lassen sie sterben.

Diesen Zusammenhang lernen Kinder sehr früh. Zu spät lernen sie oft, wie Enttäuschungen hervorgerufen werden, was alles zu Enttäuschungen führt und wie sie persönlich so handeln können, daß sie ihre Partner nicht vor den Kopf stoßen.

In diesem Experiment sollen wieder gemischte Paare männliches und weibliches Denken zusammentun, um mehr praktisches Wissen für den Schutz liebevoller Beziehungen zu entwickeln.

Teilnehmer

ab 14 Jahren

Zeit

ca. 60 Minuten

Material

Papier und Bleistift

Anleitung

Wie enttäuschen sich Liebende? Durch Betrug? Unwissenheit? Ungeschick? Boshaftigkeit?

Von welchen Enttäuschungen habt ihr schon gehört im Familienverband, in Büchern, aus Filmen, Theaterstücken usw.? Werden Frauen mehr enttäuscht als Männer? Werden Männer häufiger enttäuscht? Habt ihr selbst schon einmal einen Partner enttäuscht? Wurdet ihr selbst enttäuscht?...

Ich möchte, daß ihr darüber arbeitet, wie wir uns in Liebesbeziehungen gegenseitig enttäuschen. Bildet gemischte Paare, so daß männlicher und weiblicher Sachverstand zusammenkommen können...

Legt gleich eine gemeinsame Liste an und zählt auf, wie, durch welche Aktionen oder durch welche Passivität Partner einander enttäuschen können. Behaltet dabei auch im Auge, um welche Paare es sich jeweils handelt, wie alt die Betreffenden sind, welchen Zweck ihre Partnerschaft hat. Und untersucht jeweils, wie die Enttäuschung zustande kommt, was vorausgeht, was folgt. Was ist dabei die Rolle des Enttäuschten? Welchen Anteil hat diese Person an der Enttäuschung?

Habt ihr verstanden, was ich meine?... Laßt euch 20 Minuten Zeit...

Nun sucht euch eine Enttäuschung aus, die euch beide interessiert. Vielleicht eine Enttäuschung, mit der ein Paar in eurem Alter rechnen kann... Und nun bereitet ein kurzes Rollenspiel vor. Erfindet zwei Personen und entscheidet, ob sie einen Weg finden sollen, aus der Enttäuschung zu lernen, oder ob sie daraus eine dauerhafte Verletzung machen. Laßt euch dafür 10 Minuten Zeit...

Lassen Sie verschiedene Paare vorspielen und konstruktive und fruchtlose Reaktionen auf die Enttäuschung. Dann Auswertung.

Auswertung

- Wie hat mir das Experiment gefallen?
- Was konnte ich von meinem Partner lernen?
- Wie handhaben Männer bzw. Frauen Enttäuschungen?
- Wie kann man Enttäuschungen noch schlimmer machen?
- Welche Enttäuschungen sind ziemlich unverzeihlich?
- Welche Schlußfolgerung kann man ziehen, wenn man von einem Partner häufig enttäuscht wird?
- Wie kann ich merken, daß ein Partner zu mir paßt?
- Was möchte ich sonst noch sagen?

13

Eifersucht

Ziele

Eifersucht ist ein besonders unangenehmes Gefühl. Jeder sollte beizeiten lernen, anderen diesen Zustand möglichst zu ersparen bzw. ein Handlungsrepertoire zu entwickeln, um sich selbst nicht zu lange oder einfallslos dem Gefühl eigener Eifersucht auszusetzen.

Kinder und Jugendliche können hier üben, diesen schwierigen Gemütszustand zu erforschen und mehr Flexibilität im Umgang mit eigener und fremder Eifersucht einzuüben.

Teilnehmer

ab 10 Jahren

Zeit

ca. 60 Minuten

Material

Papier und Bleistift

Anleitung

Wart ihr schon einmal eifersüchtig? Wer von euch ist dabei vor allem wütend gewesen? Wer vor allem traurig oder niedergeschlagen? Kennt ihr jemanden, der sehr leicht eifersüchtig wird? Kennt ihr jemanden, der so tut, als kenne er Eifersucht gar nicht? Kennt ihr jemanden, der so weise und abgeklärt ist, daß er nicht mehr eifersüchtig wird?...

Ich möchte, daß ihr euch gleich eine eifersüchtige Person ausdenkt. Denkt euch jemanden aus in eurem Alter oder älter, der wirklichen oder eingebildeten Grund zu Eifersucht hat. Und schreibt dann die Gedanken und Gefühle dieser Person auf. Was geht in ihr vor? Welche Vorstellungen hat diese Person? Welche Qualen? Welche Rachegedanken? Was würde sie am liebsten tun? Wie wird diese Person mit ihrer Eifersucht fertig?

Habt ihr verstanden, was ich meine?... Laßt euch 20 Minuten Zeit...

Lassen Sie verschiedene Teilnehmer ihre Notizen vorlesen. Anschließend Auswertung.

Auswertung

- Wie hat mir das Experiment gefallen?
- Weshalb ist Eifersucht so schmerzhaft?
- Was kann man tun, wenn man eifersüchtig wird?
- Weshalb machen manche Menschen ihre Partner absichtlich etwas eifersüchtig?
- Wo ist bei mir die Grenze: Wann beende ich diese Beziehung?
- Was geht in Männern oder Frauen vor, die ihre Partner häufig betrügen?
- Was möchte ich sonst noch sagen?

14 Liebesbriefe

Ziele
Dies ist u. a. ein passendes Schlußexperiment einer Lerneinheit über Liebe. Die Teilnehmer können selbst entscheiden, welche Themen sie ansprechen wollen. Sie können einer fiktive Person Dinge mitteilen lassen, die sie selbst erst noch üben müssen. Und in dem fiktiven Antwortbrief können die Kinder ihre Flexibilität auf die Probe stellen. Sie können versuchen, auf den Briefpartner einzugehen und gleichzeitig einen eigenen Standpunkt zu beziehen. Und vielleicht werden die Teilnehmer auch angeregt, selbst ab und zu Liebesbriefe zu schreiben. Der Brief kann uns oft helfen, unsere Position zu überdenken, gründlich und ernsthaft zu sein und uns zu engagieren.

Teilnehmer
ab 14 Jahren

Zeit
ca. 60 Minuten

Material
Papier und Bleistift

Anleitung
Habt ihr schon einmal einen Liebesbrief geschrieben? Oder einen Liebesbrief bekommen? Schreibt ihr sonst gern Briefe? Bekommt ihr gern Briefe? Ich möchte, daß ihr gleich eine Person erfindet, die einen Liebesbrief schreibt. Das kann jemand in eurem Alter sein oder jemand, der älter ist. Überlegt, wer den Brief erhalten soll und worum es geht. Sind die beiden Menschen weit voneinander entfernt? Ist der eine Partner schüchtern und macht es der Brief leichter, sich mitzuteilen? Sehen sich die beiden zu selten? Ist die Liebe so frisch und heiß, daß man auch noch Briefe braucht? Erfindet einen kompletten Liebesbrief mit Anrede, Unterschrift und Datum. Habt ihr verstanden, was ich meine?... Laßt euch 20 Minuten Zeit...

Nun tauscht eure Briefe mit dem Nachbarn aus. Lest den Brief des Nachharn und erfindet einen Antwortbrief. Stellt euch vor, daß ihr der Empfänger des vorliegenden Briefes seid. Was würdet ihr antworten?

Habt ihr verstanden, was ich meine? Laßt euch wieder 20 Minuten Zeit...

Nun gebt dem Partner seinen ersten Brief und euren Antwortbrief. Lest die Antwort und sprecht dann miteinander darüber, was ihr über die Antwort denkt... (5 Minuten)

Lassen Sie dann einige dieser Brief-Dialoge vorlesen. Dann Auswertung.

Auswertung

- Wie hat mir das Experiment gefallen?
- Welche Themen wurden in den Briefen angesprochen?
- Wann ist ein Brief wichtig in einer Beziehung?
- Was möchte ich sonst noch sagen?

MUT

15 Super-Kid

Ziele

Eine der erstaunlichsten Qualitäten, die wir an Kindern aller Altersstufen beobachten können, ist ihr Mut. Kleine Kinder brauchen ihn, um das vis-a-vis zu den für sie gewaltigen Erwachsenen auszuhalten, um sich den von der Natur programmierten Entwicklungsprozessen anzuvertrauen, um ihre Umgebung krabbelnd und trippelnd in immer neuen Anläufen zu erforschen. Und dann benötigen Kinder Mut, um in die außerfamiliäre Welt hineinzuwachsen, um aus Fremden Freunde zu machen, um sich an jene Einsamkeit zu gewöhnen, die einhergeht mit der Fähigkeit, Entscheidungen zu treffen, sich abzugrenzen, zu reflektieren. Mut gehört schließlich dazu, zunehmend bewußt den Gesetzen der Natur zu begegnen, sich mit moralischen und sozialen Werten und Anschauungen zu konfrontieren und allmählich jene innere Selbständigkeit zu entwickeln, die uns hilft, mit Optimismus und Tatkraft auch die Schwierigkeiten des Lebens zu bestehen.

Unsere Aufgabe als Erwachsene besteht im wesentlichen darin, den natürlichen Mut von Kindern und Jugendlichen zu bestärken, zu helfen, wenn eine besondere Schwierigkeit auftritt, und vor allem müssen wir ein gutes Modell sein.

Das erste Experiment dieses Kapitels gibt kleineren Kindern Gelegenheit, gemeinsam eine bunte Geschichte zu erfinden um Herausforderungen, gefährliche Dinge und mutige Aktionen.

Teilnehmer

ab 9 Jahren

Zeit

ca. 45 Minuten

Material

Wandtafel, Papier und Bleistift

Anleitung

Wann braucht ihr etwas Mut? Wenn ein Hund auf euch zukommt? Wenn ihr euch in den Finger geschnitten habt? Bei welchen Gelegenheiten?...

Wann braucht ihr etwas mehr Mut? Wenn ihr allein in einem großen Haus seid? Wenn ihr eine Klassenarbeit schreibt? Bei welchen Gelegenheiten?...

Und wann braucht ihr großen Mut? Wenn ihr vor vielen Menschen sprechen sollt? Wenn ein größeres Kind euch bedroht? Bei welchen Gelegenheiten braucht ihr viel Mut?...

Ich möchte, daß wir uns gleich gemeinsam eine Geschichte ausdenken, in der ein Kind in eurem Alter viel Mut braucht und viele schwierige und gefährliche Dinge schafft. Wie soll dieses Kind mit besonders viel Mut und Tüchtigkeit heißen?...

Und nun überlegt euch bitte jeder ein Wort, irgend etwas, wozu ihr Mut braucht. Und schreibt dann euer Wort auf.

Geben Sie bitte passende Beispiele, z. B. Test, Tante Luzie, Schule etc.

Nun können wir aus all euren Worten eine Geschichte machen, die unser mutiges und kluges Kind erlebt. Mit welchem Wort soll alles beginnen?...

Helfen Sie, eine Geschichte zu entwickeln mit lose verbundenen Episoden. Dabei sollte der Held immer mit seinen Herausforderungen zurechtkommen Schreiben Sie den entsprechenden Text für alle sichtbar auf, so daß die Kinder Entstehung und Fortgang der Handlung deutlich erleben. Die Geschichte soll ein „gutes" Ende nehmen. Wichtig ist, daß möglichst alle Wörter der Kinder in der Geschichte untergebracht sind. Dann können verschiedene Kinder die Geschichte vorlesen. Später können Sie die Geschichte ggf. auch vervielfältigt an die Kinder verteilen.

Auswertung

- Wie hat mir das Experiment gefallen?
- Wie gefällt mir unsere Geschichte?
- Woher nehmen kleinere Kinder ihren Mut?
- Woher nehmen Kinder in meinem Alter ihren Mut?
- Wann ist es gut, vorsichtig und sogar ängstlich zu sein?
- Was möchte ich sonst noch sagen?

16

Abenteuerreise

Ziele

Märchen, Sagen und Abenteuergeschichten bereiten das Kind auf seinen Lebensweg vor: das Elternhaus zu verlassen, erwachsen zu werden, eine unabhängige Existenz zu begründen. Dabei muß der Held Gefahren bestehen, sich bewähren, lernen. Dazu braucht er vor allem Mut, um sich den Proben zu stellen, neue Wege zu gehen und selbständig zu werden.

Disem klassischen Schema können die Kinder in diesem Experiment folgen. Sie sind frei in der Wahl ihres fiktiven Helden und in der Entscheidung, welchen Mut-Proben sie ihren Helden aussetzen wollen.

Teilnehmer

ab 10 Jahren

Zeit

ca. 90 Minuten

Material

Teilnehmermaterial „Abenteuerreise", Schreibzeug

Anleitung

Bei welcher Gelegenheit brauchtet ihr in eurem Leben bisher den größten Mut? Wozu brauchte ein Geschwisterkind großen Mut? Wer gilt in eurer Familie als besonders mutig? Ein Großvater? Ein Onkel? Eine Cousine?...

Zu welchen Reisen braucht man heutzutage immer noch Mut?...

Ich möchte, daß ihr eine Reise erfindet, zu der jemand wirklich Mut braucht. Ich habe ein Formular für euch vorbereitet. Lest den Text durch... Habt ihr verstanden, was ich meine?... Laßt euch 30 Minuten Zeit, eine Geschichte zu erfinden, in der der Held oder eine Heldin an die verschiedenen Plätze kommt, um dort gefährliche Abenteuer zu bestehen...

Unter Umständen ist es zweckmäßiger, die Instruktionen zunächst mündlich zu geben, ehe Sie das Formular austeilen.

Lassen Sie anschließend abwechselnd Jungen und Mädchen ihre Aufzeichnungen vorlesen. Anschließend Auswertung.

(Teilnehmermaterial)

Abenteuerreise

Beschreibe die Abenteuerreise einer Person, die in deinem Alter oder etwas älter ist. In der Skizze sind einige Plätze angedeutet, drei andere Plätze kannst du selbst erfinden.

Laß die Person an allen Plätzen etwas erleben, wozu sie Mut und Einfallsreichtum braucht. Glück und Tüchtigkeit sollen ihr helfen, nach einiger Zeit in die Heimat zurückzukehren.

Entscheide, wie lange die Reise insgesamt dauern soll.

Beginne, indem du die Person vorstellst. Wie heißt sie? Wie beginnt die Reise? Willst du die Geschichte schreiben, als wenn du sie selbst erlebst? Oder soll eine andere Person das erleben?

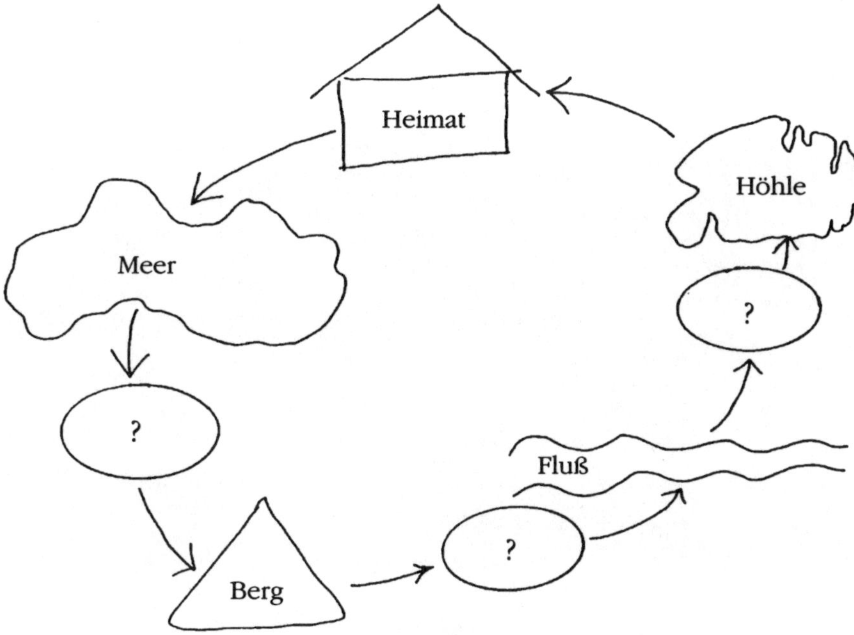

Auswertung

- Wie hat mir das Experiment gefallen?
- Wie bin ich mit meiner Geschichte zufrieden?
- Wessen Geschichte hat mich beeindruckt?
- Was hat meinem Helden Kraft und Mut gegeben?
- Was war seine schwierigste Probe?
- Was hat mein Held bei seiner Rückkehr gelernt?
- Wie hängen Mut und Lernen zusammen?
- Warum braucht man auch zum Lernen Mut? Wann?
- Wie waren die Geschichten der Jungen bzw. Mädchen?
- Gab es Unterschiede?
- Was möchte ich sonst noch sagen?

Monster

Ziele
Monster sind in der Regel Wesen, die mutig sind. Und wenn Menschen einem Monster begegnen, brauchen sie ebenfalls Mut. Wenn das so ist, dann sind Monster zumindest für jüngere Kinder eine gute Gelegenheit, Courage und Einfallsreichtum zu erproben.

Teilnehmer
ab 9 Jahren

Zeit
ca. 60 Minuten

Material
Zeichenpapier, Ölkreiden, Papier und Bleistift

Anleitung
Welche Arten von Monstern kennt ihr? Kennt ihr die Monster aus der Sesamstraße? Wer kennt einen Drachen? Wie steht ein Drache aus? Wer kennt eine Seeschlange? Wie sieht eine Seeschlange aus? Wer kennt einen Vampir? Wie sieht ein Vampir aus? ...

Ich möchte, daß ihr ein neues Monster erfindet. Erfindet zuerst den Namen für ein Monster, von dem ihr noch nie gehört habt. Schreibt den Namen dann auf... (2 – 3 Minuten)

Und nun malt dieses Monster. Wie sieht es aus? Laßt euch 10 Minuten Zeit dafür...

Nun tauscht euer Monster mit dem eures Nachbarn. Stellt euch vor, daß dieses neue Monster euch zugelaufen ist. Es mag euch gern und ist nett zu euch, aber nur zu euch. Für alle anderen ist es ein Monster voller Überraschungen. Jeder, der diesem Monster begegnet, braucht viel Mut. Denn dieses Monster tut Dinge, die einen erschrecken, in Verlegenheit bringen, die einem Angst machen.

Schreibt ein paar Dinge auf, die dieses Monster tut. Welche Vorlieben hat es, was mag es nicht? Wie kann man es reizen oder provozieren? Auf welche Weise ist dieses Monster gefährlich?... (5 – 10 Minuten)

Jetzt könnt ihr gleich vorlesen, wie dieses Monster heißt und was es tut, wie es die Menschen erschreckt. Zeigt das Bild und seid auch bereit, Fragen der anderen zu beantworten. Wer möchte das Monster vorstellen, das ihm zugelaufen ist?...

Lassen Sie möglichst viele Monster vorstellen. Dann Auswertung.

Auswertung

- Wie hat mir das Experiment gefallen?
- Was hat mein Nachbar mit meinem Monster gemacht?
- Bin ich damit zufrieden?
- Welches Monster war für mich besonders furchterregend?
- Gibt es Menschen, die so ähnlich sind wie Monster?
- Bei welchen Menschen brauche ich besonders viel Mut?
- Was möchte ich sonst noch sagen?

In der Wildnis überleben

18

Ziele

Wildnis wird hier nicht nur als Symbol für die Rauheit und Überraschungsqualität des Lebens eingesetzt. Sie steht auch für die Natur – mit der wir uns im Laufe unseres Lebens immer wieder auseinandersetzen müssen. Die Jugendlichen können in diesem Experiment herausfinden, welche persönlichen Qualitäten sie für das Überleben in der Wildnis benötigen – und was sonst noch. Das Experiment ist besonders nützlich in Verbindung mit einer Klassenreise, einem Ausflug, Ferienvorbereitungen etc., wenn die Phantasie der Teilnehmer in dieser Richtung vorbereitet ist.

Teilnehmer

ab 14 Jahren

Zeit

ca. 90 Minuten

Material

Papier und Bleistift

Anleitung

Wer von euch ist schon einmal in der Wildnis gewesen? Wo war das? War das im Wald? Im Gebirge? In der Wüste? Wie weit entfernt waren andere Menschen, Ansiedlungen, Telefon, Strom, Autos?...

Was hat euch dort gefallen bzw. was würde euch dort gefallen? Wovor hättet ihr Angst? Wie könntet ihr dort überleben?...

Ich möchte, daß ihr für Jugendliche eures Alters einen kurzen Ratgeber schreibt. Mit wem zusammen möchtet ihr euch an diese Aufgabe wagen? Wer in der Gruppe ist dafür ein guter Partner?...

Schreibt die zehn wichtigsten Punkte auf, die ein Jugendlicher benötigt. Das können Werkzeuge sein, das können persönliche Eigenschaften sein. Das kann ein Begleiter sein etc.

Habt ihr verstanden, was ich meine?... Laßt euch 30 Minuten Zeit...

Lassen Sie anschließend die Paare berichten. Dann Auswertung.

Auswertung

- Wie hat mir das Experiment gefallen?
- Wie bin ich mit meinem Partner zurechtgekommen?
- Was ist das wichtigste Werkzeug für die Wildnis?
- Was ist die wichtigste persönliche Qualität für die Wildnis?
- Wer wäre mein wichtigster Regleiter?
- Wie alt müßte ich sein, um tatsächlich die Wildnis zu erforschen?
- Was bedeutet die Wildnis für mich persönlich?
- Was möchte ich sonst noch sagen?

Rede an den Berg

Ziele

Dies ist ein schönes symbolisches Experiment. Für viele schwierige Unternehmungen im Leben müssen wir uns vorher Mut machen, d. h. uns geistig darauf vorbereiten. Wir müssen die Schwierigkeit, die wir meistern wollen, würdigen. Wir müssen uns auf den Kampf einstellen. Wir müssen uns selbst von einem guten Ende überzeugen, um genug Kraft und Energie zur Verfügung zu haben.

Die Jugendlichen können hier üben, ihre Ressourcen, ihren Mut zu mobilisieren für eine Herausforderung ihrer Tatkraft.

Variation: Sie können den Vorschlag machen, die Rede an einen Baum, auf den sie klettern wollen, zu schreiben. Den Baum können Sie auch mit der Guppe vor dem Schreiben gemeinsam betrachten bzw. im Freien schreiben.

Teilnehmer

ab 14 Jahren

Zeit

ca. 60 Minuten

Material

Papier und Bleistift

Anleitung

Wie bereitet ihr euch auf schwierige Dinge vor? Stellt ihr euch die Situation in der Phantasie vor? Stellt ihr euch vor, wie ihr es schafft? Stellt ihr euch die Schwierigkeit genau vor, um nachher zu wissen, wie ihr vorgehen müßt?...

Welche besonders schwierigen Hindernisse habt ihr im Leben bisher überwunden?...

Ich möchte, daß ihr in der Phantasie übt, eine große Herausforderung zu bestehen. Ihr braucht dazu die Kraft eures Willens, Entschlossenheit, Mut, Ausdauer, einen langen Atem. Stellt euch vor, daß vor euch ein großer Berg liegt. Ihr seid ein Bergsteiger, der diesen Berg bezwingen möchte. Betrachtet den Berg in eurer Phantasie und redet ihn an. Haltet eine kleine Rede an diesen Berg. Sagt ihm, wie groß und schwierig er ist. Sagt ihm, daß ihr die Herausforderung annehmt. Sagt ihm, daß ihr ihn besteigen werdet. Redet den Berg so an, daß es euch helfen wird, wirklich hinaufzukommen. Was paßt zu euch? Freundlich mit dem Berg zu reden? Ihn zu warnen? Ihn zu verspotten? Schreibt eure Rede an den Berg dann auf und gebt dieser Rede einen passenden Titel.

Habt ihr verstanden, was ich meine?... Ihr habt 20 Minuten Zeit...

Lassen Sie einzelne Teilnehmer ihre Arbeiten vorlesen.

Auswertung

– Wie hat mir das Experiment gefallen?
– Wie zufrieden bin ich mit meiner Rede an den Berg?
– Wessen Rede hat mich beeindruckt?
– Wie mobilisiere ich im Alltag meinen Mut?
– Was möchte ich sonst noch sagen?

Schwierige Heimkehr

Ziele

Mut ist an ein frei arbeitendes Phantasieleben gebunden. Unsere Phantasie und unsere Intuition geben uns immer wieder jene wertvollen Impulse und Einfälle, mit denen wir auch schwierige Situationen meistern. Und das Vertrauen auf unsere inneren Ressourcen ist Mut im besten Sinne.

Hier können die Kinder ihrer Phantasie das Feld überlassen und staunen, wohin sie von ihr geführt werden. Die Ausgangssituation ist wiederum klassisch und jedem Kind unmittelbar verständlich: Vor jeder wichtigen (neuen) Ankunft müssen wir Proben bestehen.

Teilnehmer

ab 12 Jahren

Zeit

ca. 60 Minuten

Material

Papier und Bleistift

Anleitung

Stellt euch vor, daß ihr lange von zu Hause fortgewesen seid. Vielleicht seid ihr etwas älter als heute, so ungefähr 18 oder 19 Jahre alt. Und ihr möchtet zurückkehren. Auf eurer Reise werdet ihr jedoch von irgend jemandem gefangen. Vielleicht ist das jemand, der übernatürliche Kräfte hat – je nachdem, welche Art Geschichte ihr erzählen wollt. Die Person, die euch gefangen hat, sagt euch folgendes: Ehe sie euch wieder freiläßt, müßt ihr verschiedene Proben eurer Kraft, eures Mutes, eurer Zähigkeit geben. Diese Proben können recht hart sein.

Beschreibt die Aufgaben. Wie erledigt ihr sie? Wie viele Aufgaben sind es? Läßt euch die Person, die euch fing, dann gehen? Wer ist sie? Wie kommt ihr dann nach Hause?

Habt ihr verstanden, was ich meine?... Ihr habt 30 Minuten Zeit...

Geben Sie ggf. einige Beispiele für harte Proben. Lassen Sie anschließend möglichst viele Teilnehmer ihre Geschichte vorlesen. Dann Auswertung.

Auswertung

- Wie hat mir das Experiment gefallen?
- Für welche Prüfung brauchte ich den meisten Mut?
- Was bedeuten die Prüfungen für mich?
- Kann ich aus ihnen lernen?
- Wessen Geschichte hat mir gefallen?
- Mit welchen Prüfungen können Jugendliche und junge Erwachsene rechnen?
- Was möchte ich sonst noch sagen?

Mutproben

Ziele

Hier können sich die Kinder gegenseitig auf die Probe stellen und testen, wie andere in kniffligen, Mut erfordernden Situationen reagieren. Dabei lernen beide Seiten in anregender Weise.

Teilnehmer

ab 12 Jahren

Zeit

ca. 45 Minuten

Material

Papier und Bleistift

Anleitung

Wißt ihr noch, wozu ihr vor zwei Jahren Mut brauchtet? Und wann brauchen Kinder in eurem Alter Mut? Wozu? Ich möchte, daß ihr einige Situationen aufschreibt, die von einem Kind Mut erfordern, wenn das Kind tun will, was zu tun ist.

Geben Sie für Ihre Gruppe passende Beispiele.

Habt ihr verstanden, was ich meine?... Laßt euch 10 Minuten Zeit und schreibt einige solcher Situationen auf...

Nun will ich euch sagen, wie es weitergeht. Einer von euch kann anfangen und ein anderes Kind herausfordern. Der Betreffende kann z. B. sagen: „Maika, hast du Mut? Willst du dich von mir auf die Probe stellen lassen?“ Und wenn Maika Ja sagt, dann schildert der Herausforderer die Situation, z. B.: „Maika, was würdest du in folgendem Fall tun: Du hast in der Abwesenheit deiner Eltern einen wertvollen Fotoapparat fallenlassen. Er ist jetzt kaputt. Deine Eltern kommen zurück.“ Nun kann Maika sagen, was sie überlegen würde, ehe die Eltern zurückkommen. Sie kann auch sagen, wieviel Mut sie in diesem Fall brauchte und wie sie voraussichtlich handeln würde, wenn die Eltern kommen.

Danach kann ein anderes Kind jemanden herausfordern etc.

Habt ihr verstanden, was ich meine?... Wer möchte beginnen?...

Sie können die Struktur auch nach einiger Zeit ändern. Ein Kind kann sich von einem anderen herausfordern lassen: „Clemens, hast du eine knifflige Situation für mich?" Sorgen Sie dafür, daß zwischendurch immer kurzes Feedback anderer Teilnehmer möglich ist oder daß Fragen gestellt werden: Wer würde auch so handeln? Wem würde es ähnlich gehen? Wer hat Fragen dazu?

Auswertung

- Wie hat mir das Experiment gefallen?
- Was war am wichtigsten für mich?
- Was hat mich überrascht?
- Wer war mutig in dieser Gruppensitzung?
- Wie fühle ich mich jetzt?
- Was möchte ich sonst noch sagen?

Wozu ich Mut brauche

Ziele
Die Kinder können schwierige, Mut erfordernde Situationen identifizieren und ihre persönliche Einschätzung mit der anderer Teilnehmer vergleichen. In der Kleingruppe besteht Gelegenheit, die eigene Sichtweise zu erweitern und ggf. zu korrigieren. Die Gruppe muß intern und zu Ihnen als Gruppenleiter gutes Vertrauen entwickelt haben sowie an Kleingruppenarbeit gewöhnt sein.

Teilnehmer
ab 12 Jahren

Zeit
ca. 60 Minuten

Material
pro Teilnehmer 10 Kärtchen (6 x 6 cm), Schreibzeug

Anleitung
Bei vielen Gelegenheiten brauchen wir Mut. Wenn wir etwas Neues tun, wenn wir etwas bekanntes Schwieriges tun, wenn wir etwas Unerfreuliches tun, wenn wir etwas tun, was wir eigentlich nicht tun wollen usw.

Ich möchte, daß ihr zehn Dinge aufschreibt, zu denen ihr Mut braucht – etwas Mut, viel Mut – wie ihr wollt. Schreibt jede Situation, jede Handlung die Mut erfordert, auf eines der Kärtchen. Laßt euch 10 Minuten Zeit...

Nun überlegt, wieviel Mut diese Dinge erfordern. Ordnet die Kärtchen entsprechend. Legt ganz nach oben das Kärtchen, das den größten Mut erfordert, und ganz nach unten das Kärtchen, das am wenigsten Mut erfordert. Habt ihr verstanden, was ich meine?... Laßt euch 5 Minuten Zeit...

Nun kommt zu dritt zusammen, um miteinander über diese Dinge, die Mut erfordern, zu sprechen. Mit wem wollt ihr eure Alltagserfahrungen austauschen?...

Geben Sie den kleinen Gruppen ca. 15 Minuten Zeit. Dann Auswertung.

Auswertung

– Wie hat mir das Experiment gefallen?
– Worüber denke ich jetzt nach?
– Wozu hätte ich gern mehr Mut?
– Wofür habe ich genug Mut?
– Was möchte ich sonst noch sagen?

Modelle

Ziele

Die Teilnehmer können sich mit einem mutigen Modell identifizieren und aus dessen Perspektive über eine mutige Handlung sprechen. Auf diese Weise können sie psychologisch näher an das Vorbild heran, das für den einen oder anderen zuvor vielleicht unerreichbar schien.

Teilnehmer

ab 12 Jahren

Zeit

ca. 60 Minuten

Anleitung

Von welcher mutigen Tat habt ihr zuletzt gehört? Weiche mutige Tat habt ihr zuletzt gesehen oder erlebt? Welche Personen bewundert ihr für ihren Mut? Wer ist ein wichtiges Vorbild für euch, wenn es um Mut geht?...

Ich möchte, daß ihr gleich einige mutige Handlungsweisen näher anseht. Kommt bitte in Vierergruppen zusammen...

Denkt nun an eine Person, die ihr persönlich kennt oder von der ihr gehört oder gelesen habt, die etwas Mutiges getan hat. Ruft euch deren Aktion ins Gedächtnis. Und dann soll jeweils einer von euch diese Tat beschreiben aus der Perspektive der Person, d. h. er soll so sprechen, als wäre er selbst diese Person.

Stellt euch vor, ihr verwandelt euch in diese Person. ihr übernehmt ihre Denk- und Empfindungsweise. Wie würde der- oder diejenige sprechen? Wie würde der authentische Bericht lauten? Sprecht ein paar Minuten lang aus dem Blickwinkel dieses Menschen. Die anderen in eurer Kleingruppe werden aufmerksam zuhören und euch dann mitteilen, was sie dazu denken bzw. beobachteten.

Habt ihr verstanden, wie das geht?... Laßt euch 30 Minuten Zeit.

Anschließend berichten die Gruppen kurz von ihrer Arbeit. Dann Auswertung im Plenum. Wenn genügend Zeit ist, sollte jeder kurz mitteilen, welche Person er auswählte.

Auswertung

- Wie hat mir das Experiment gefallen?
- Was habe ich dabei empfunden?
- Welche mutige Aktion könnte ich von mir selbst berichten?
- Wie hat sich mein Mut in der letzten Zeit entwickelt?
- Was möchte ich sonst noch sagen?

NATUR

24 Hören

Ziele

Zu den wichtigsten Erziehungszielen gehört es, Kindern ihre natürliche Beziehung zur Natur zu erhalten oder wieder zu bestärken.

Ohne eine innerlich empfundene, respektvolle Beziehung zur Natur ist es sehr schwer für Kinder, Jugendliche und Erwachsene, auf die eigene Gesundheit zu achten, maßvolle Lebensziele zu entwickeln, sich ausgeglichen und optimistisch zu fühlen, sich selbst in den Prozeß des Lebens erfolgreich einzuordnen, geistig schöpferisch zu wirken, eine menschenfreundliche Ethik zu entwickeln.

Wir benötigen die Natur für unsere Entwicklung: In unserer Kindheit als Spielplatz, in der Jugend als Platz der Herausforderung und der Einsamkeit, im Erwachsenenalter als Platz der Verantwortung, der Pflege, der Ruhe.

Viele Experimente dieses Kapitels haben das Ziel, den Teilnehmern zu helfen, die Natur wieder zu beachten, die eigenen inneren Empfindungen der Natur gegenüber zu bemerken, die Natur so ernst zu nehmen, wie sie Personen ernst nehmen. Angesichts der globalen Situation ist das kein einfaches Vorhaben, das auch von uns als Erwachsenen viel Mut erfordert. Nachdem wir die Natur lange Zeit ausgebeutet haben und wir nun die Konsequenzen spüren, können wir jetzt überhaupt noch daran denken, unser Verhältnis zur Natur in Ordnung zu bringen? Wir können es versuchen.

Die Experimente am Ende des Kapitels greifen diese Thematik besonders auf. Hier, im ersten Experiment dieses Kapitels, beginnen wir einfacher. Die Kinder können üben, die Natur bewußt mit ihren Sinnen zu erfahren.

Teilnehmer
ab 8 Jahren

Zeit
ca. 60 Minuten

Material
Papier und Bleistift

Anleitung

Welche Geräusche hört ihr am häufigsten? Die Geräusche vom Verkehr? Musik? Geräusche von Maschinen? Das Sprechen von Menschen? Welche anderen Geräusche?...

Wann hört ihr die Töne der Natur? Wann achtet ihr auf die Geräusche der Natur? Bei Tage? Bei Nacht? In welcher Jahreszeit?...

Welche Geräusche mögt ihr nicht gern? Was ist das allerunangenehmste Geräusch für euch?... Welche Geräusche hört ihr besonders gern? Wer von euch hört gern, wenn eine Katze schnurrt? Wer von euch mag gern, wenn ein Hund bellt? Wer von euch hört gern, wenn der Wind ums Dach pfeift? Wer von euch hört gern das Geräusch des Regens? Wer von euch hört gern Vogelstimmen?...

Was ist das lauteste Naturgeräusch, das ihr kennt? Und was ist das allerleiseste Naturgeräusch, das ihr kennt, das ihr gerade noch hören könnt?...

Und wie hat sich euer Gehör entwickelt? Hört ihr jetzt anders als vor zwei Jahren? Wann hattet ihr die „besten“ Ohren?...

Ich möchte, daß wir gemeinsam herausfinden, was Kinder in eurem Alter hören können. Wir werden nachher vergleichen, wer was gehört hat.

Nehmt ein Blatt Papier und teilt es der Länge nach in zwei Hälften. Schreibt über die linke Hälfte: „Von Menschen erzeugte Geräusche“ und über die rechte Hälfte: „Geräusche der Natur.“ Wir werden gleich eine Viertelstunde nach draußen auf einen kleinen Spaziergang gehen. Hört gut auf alle Geräusche in der Umgebung. Und schreibt jedes Geräusch auf und schreibt es in die richtige Spalte.

Geben Sie Beispiele. Wählen Sie die Route für den Spaziergang so, daß möglichst unterschiedliche Geräusche bemerkt werden können. Die Dauer des Spaziergangs sollte so bemessen sein, daß die Kinder auch feine Geräusche bemerken können. Kehren Sie um, wenn das Interesse der Kinder nachläßt.

Nun kommt immer zu zweit zusammen und vergleicht eure Listen. Was habt ihr beide gehört? Was hat nur einer von euch gehört? Bei welchen Geräuschen war es schwer zu sagen, ob sie natürlich oder von Menschen gemacht waren? Laßt euch 10 Minuten Zeit...

Anschließend Auswertung. Sie können die Kinder ggf. mitteilen lassen, wie viele Geräusche sie in jeder Spalte notiert haben.

Auswertung

- Wozu brauchen wir Geräusche?
- Welche Geräusche sind für den Menschen gesund?
- Was ist Stille? Wo kann man sie erleben?
- Was geschieht, wenn wir gar nichts hören?
- Kenne ich einen Menschen, der taub oder schwerhörig ist?
- Wie wirken sich Töne und Klänge auf meine Stimmung aus?
- Wie gut hat mein Gehör für mich gearbeitet?
- Wie kann ich mein Gehör trainieren?

25

Berühren

Ziele

Hier können die Kinder ihren Tastsinn benutzen, um Naturdinge und von Menschen produzierte Objekte intensiv wahrzunehmen.

Teilnehmer

ab 8 Jahren

Zeit

ca. 45 Minuten

Material

Papier und Bleistift

Anleitung

Welche Dinge faßt ihr gern an? Weiche Dinge? Harte? Rauhe? Trockene? Feuchte? Warme? Kalte?...

Wer von euch berührt gern Holz? Wer berührt gern Steine? Wer berührt gern Glas? Wer berührt gern Gras? Wer berührt gern Fell? Wie fühlen sich eure Hände gerade an? Sind sie warm? Kalt? Hat die linke Hand dieselbe Temperatur wie die rechte?...

Welche Dinge faßt ihr nicht gern an? Wer von euch mag Autoöl oder Wagenschmiere nicht gern berühren? Wer mag kein Seifenpulver berühren? Wer mag keine Spinne berühren? Wer mag keine Schlange berühren? Was ist sonst besonders schwer zu berühren?...

Ich möchte gern mit euch einen Spaziergang machen, bei dem wir besonders darauf achten werden, wie sich die Dinge anfühlen, Dinge, die die Natur hervorgebracht hat, Dinge, die der Mensch erzeugt oder bearbeitet hat. Berührt möglichst viele verschiedene Dinge mit der linken Hand, mit der rechten Hand, mit geschlossenen Augen und mit geöffneten Augen. Dann schreibt auf, was ihr alles berührt habt und wie euch die Berührung gefällt. Habt ihr verstanden, was ich meine?...

Suchen Sie auch hier eine geeignete Route und passen Sie die Dauer des Spaziergangs dem Interesse der Kinder an.

Kommt nun zu dritt zusammen und sprecht miteinander über die Dinge, die ihr berührt habt. Was habt ihr gern berührt? Was fühlte sich nicht so gut an? Was war unangenehm dabei? Was habt ihr gar nicht berührt? Laßt euch 10 Minuten Zeit...

Anschließend Auswertung.

Auswertung

- Wie hat mir das Experiment gefallen?
- Was war am besten anzufassen?
- Was berühre ich gern, wenn ich auf einem längeren Ausflug bin?
- Welche Tiere fasse ich gern an? Welche Pflanze?
- Fasse ich gern Sand, Steine oder Wasser an?
- Was möchte ich sonst noch sagen?

26 Mit allen Sinnen wahrnehmen

Ziele

Dieses Experiment schließt eng an die beiden vorangehenden an. Hier sollen alle Wahrnehmungskanäle benutzt werden, um natürliche und zivilisatorische Dinge möglichst plastisch zu erleben. Es ist wichtig, daß Sie einen warmen Tag auswählen, an dem sich auch Gerüche gut entfalten.

Wenn möglich, wählen Sie ein neues Gelände aus, das besonders anregende sinnliche Reize bieten kann – einen Park, ein Feld, Wald oder Wiese.

Dieses Experiment läßt sich auch sehr schön mit einem Ausflug verbinden. Es ist am besten, wenn jedes Kind selbst bestimmt, wohin es jeweils geht und was es erforschen möchte.

Teilnehmer

ab 8 Jahren

Zeit

ca. 45 Minuten

Material

Papier und Bleistift

Anleitung

Ich möchte, daß ihr gleich auf eine besondere Weise draußen herumgeht. Versucht bitte, nacheinander eure fünf Sinne einzusetzen, das Sehen, das Riechen, das Hören, das Schmecken, das Tasten.

Beginnt, indem ihr euch drei Minuten lang vor allem auf eure Ohren verlaßt. Konzentriert euch auf die Geräusche, die ihr hören könnt. Dann achtet in den nächsten drei Minuten auf alle Gerüche. Konzentriert euch auf eure Nase und bemerkt die unterschiedlichen Düfte, die es hier gibt. Dann berührt bitte drei Minuten lang alle Dinge, die euch neugierig machen. Und dann schaut drei Minuten lang alles in eurer Umgebung an, als wäre es das erste Mal. Und zum Schluß setzt euch hin, und wenn ihr mögt, nehmt etwas Passendes in den Mund und schmeckt es. Danach könnt ihr noch ein wenig weiter herumgehen und die Dinge untersuchen, die euch interessieren. Wenn ihr etwas findet, was ihr zur

Gruppe mitbringen wollt, dann tut das. Vielleicht findet ihr einen Stein, ein Blatt, vielleicht eine Notiz auf eurem Papier. Macht nur dann Notizen, wenn ihr dazu Lust habt.

Habt ihr verstanden, wie das geht?...

Es ist nicht wichtig, daß die Kinder die zeitlichen Vorschläge einhalten. Rufen Sie die Kinder wieder zusammen, wenn Ihnen das passend erscheint, nach 10 bis 30 Minuten. Dann Auswertung.

Auswertung

– Wie hat mir das Experiment gefallen?
– Was war besonders angenehm zu erforschen?
– Habe ich etwas mitgebracht?
– Ist irgend etwas Unerwartetes für mich geschehen?
– Was habe ich geschmacklich erforscht?
– Welche Gerüche konnte ich bemerken?
– Wie kann man Gerüche beschreiben?
– Was möchte ich sonst noch sagen?

27 Natur-Collage

Ziele
Dieses Experiment gibt Gelegenheit, sich mit Naturdingen zu identifizieren und Naturdinge dazu zu benutzen, sich selbst, die eigene Stirnmung, die eigene Persönlichkeit zu beschreiben. Es ist zweckmäßig, wenn die Gruppe 10 bis 20 Minuten Gelegenheit hat, im Freien herumzugehen, um aus verschiedenen Objekten Passendes auszuwählen. Je urwüchsiger die Umgebung, desto schöner.

Teilnehmer
ab 10 Jahren

Zeit
60 bis 90 Minuten

Anleitung
Wann habt ihr euch zuletzt wie eine kleine weiße Wolke am Himmel gefühlt? Oder wie ein tiefer, kühler See? Wer hat sich schon einmal wie ein junger Baum im Sturm gefühlt? Wer hat sich schon einmal wie ein knurrender, wütender Hund gefühlt?...

Ich möchte, daß ihr gleich draußen ein wenig herumgeht und etwas aus der Natur auswählt, das in irgendeiner Weise euch ähnlich ist. Vielleicht wählt ihr einen Stein, der eurer Stärke ähnlich ist. Vielleicht wählt ihr eine Blume, die eurer Freude über diesen Tag ähnlich ist. Oder ihr wählt eine Frucht, die eurem Appetit auf das nächste Essen ähnlich ist. Schaut euch vieles an. Experimentiert mit den Dingen: Wie paßt dies zu mir? Auf welche Weise bin ich jenem ähnlich? Zu welchem Teil von mir paßt das da?

Und natürlich, wenn zwei von euch dasselbe Objekt aussuchen, kann das aus ganz verschiedenen Gründen geschehen. Nachher bringt diesen Gegenstand mit zur Gruppe.

Habt ihr verstanden, was ich meine?... Ihr habt 15 Minuten Zeit...

Nun legt eure Gegenstände zu einer Collage zusammen. Findet heraus, wo euer Gegenstand am besten liegt. Am Rand? In der Mitte? Bei bestimmten anderen Dingen? Laßt euch Zeit, mit verschiedenen Plätzen zu experimentieren, ehe ihr euer Mitbringsel endgültig an einem Ort laßt...

Nun sprecht bitte über euren Gegenstand und den gewählten Platz. Wenn ihr könnt, sprecht in der ersten Person, als wärt ihr der Gegenstand. So könnt ihr sagen: „Ich bin eine blaue Kornblume. Ich bin sanft und zart. Ich liege am Rand der Collage, so daß die dickeren, festen Mitbringsel mich nicht verletzen können." usw.

Habt ihr verstanden, was ich meine?... Wer möchte beginnen?...

Für die Collage sollten Sie eine passende Unterlage vorbereitet haben, z. B. ein großes Tuch o. ä.

Auswertung

- Wie hat mir das Experiment gefallen?
- In welcher Weise ist mein Mitbringsel mir ähnlich?
- Wessen Obiekt fand ich passend?
- Wie finde ich die Komposition der Collage?
- Vergleiche ich mich sonst auch mit Naturdingen oder eher mit technischen Dingen?
- Was möchte ich sonst noch sagen?

28 Ein Platz in der Natur

Ziele

Es ist wichtig, daß die Kinder immer wieder Gelegenheit haben, der Natur aufmerksam zu begegnen, sie aus verschiedenen Blickwinkeln zu erleben, ein Empfinden für die Intensität der Natur zu entwickeln und eine Bereitschaft, behutsam und respektvoll mit ihr umzugehen.

Hier können sie das schreibend praktizieren. Wählen Sie bitte einen schönen Platz aus – eine Ecke in einem Park, einen Garten, einen Feldrand o. ä. Geben Sie die Grenzen des Platzes an, der beschrieben werden soll.

Teilnehmer

ab 10 Jahren

Zeit

ca. 60 Minuten

Material

Papier und Bleistift

Anleitung

Ich möchte, daß ihr gleich einen Platz draußen im Freien beschreibt. Setzt euch dann so hin, daß ihr einen guten Blick auf den Platz habt. Schaut euch den Platz aufmerksam an, und wenn ihr wollt, könnt ihr auch noch einiges an ihm erforschen. Dann beschreibt den Platz so vollständig wie möglich. Versucht, den Platz so zu beschreiben, daß ein anderes Kind danach ein Bild malen könnte. Ihr könnt euch dafür 20 Minuten Zeit nehmen...

Lassen Sie später möglichst viele Arbeiten vorlesen.

Auswertung

- Wie bin ich mit meiner Beschreibung zufrieden?
- Was hat mich an dem Platz besonders interessiert?
- Was war am Platz Natur? Was war vom Menschen gemacht?

Ein lebendiger Platz

29

Ziele
Hier haben die Kinder Gelegenheit, für die Beschreibung eines Platzes alle fünf Sinne zu benutzen. Wenn möglich, suchen Sie einen Platz auf, an dem viele Naturdinge erlebt werden können, sonst müssen die Kinder auf Erinnerungen zurückgreifen.

Teilnehmer
ab 10 Jahren

Zeit
ca. 60 Minuten

Material
Papier und Bleistift

Anleitung
Wo ist ein besonders ruhiger Platz, den ihr kennt? Wo ist ein besonders langweiliger Platz?...

Ich möchte, daß ihr gleich einen besonders lebendigen Platz beschreibt. Auf diesem Platz sollen entweder viele Tiere sein, viele Menschen, viele Pflanzen o. ä. Vielleicht fällt euch ein Aquarium ein, ein Stück Wiesenboden, ein Kuhstall oder ein Markt, wo die Bauern ihre Produkte verkaufen. Das kann ein Platz sein, den ihr gern mögt oder den ihr gar nicht mögt.

Und dann beschreibt diesen lebendigen Platz, indem ihr möglichst alle fünf Sinne einbezieht: Wie riecht es dort? Was kann man dort sehen? Was kann man anfassen und fühlen? Welche Töne und Klänge gibt es? Wie schmecken einzelne Dinge dort? Wie bewegen sich die Lebewesen?

Habt ihr verstanden, was ich meine?... Laßt euch 20 Minuten Zeit...

Lassen Sie möglichst viele Arbeiten vorlesen. Dann Auswertung.

Auswertung

- Wie hat mir das Experiment gefallen?
- Was hat meine Wahl des Platzes bestimmt?
- Welche Sinneseindrücke habe ich darstellen können?
- Wessen Beschreibung hat mir gut gefallen?
- Hat jemand einen Platz beschrieben, der auf den ersten Blick gar nicht so lebendig wirkt?
- Was möchte ich sonst noch sagen?

Porträt eines Tieres

30

Ziele

Kinder sind meistens von Tieren fasziniert. Sie scheinen die Lebendigkeit des Tieres zu empfinden, seine Unbeirrbarkeit, den Gesetzen der eigenen Existenz zu folgen. Kinder, die wenig konkrete Erfahrung mit Tieren haben, vermissen ganz Wesentliches. Wir müssen versuchen, sie oft genug mit Tieren zusammenzubringen.

In diesem Experiment können sich die Kinder aus der Erinnerung heraus auf ein Tier konzentrieren, für das sie eine Vorliebe oder eine Abneigung haben. Bei tierlosen Stadtkindern kann es ein wichtiges Erlebnis sein, wenn Sie zu dieser Aufgabe ein passendes Tier mitbringen oder mit den Kindern zu Tieren gehen.

Teilnehmer

ab 8 Jahren

Zeit

ca. 60 Minuten

Material

Papier und Bleistift, Zeichenpapier, Ölkreiden

Anleitung

Wer von euch hat Tiere gern? Wer von euch mag große Tiere? Wer von euch mag kleine Tiere? Wer von euch streichelt gern Tiere? Wer von euch ist eher vorsichtig beim Berühren von Tieren?...

Wer von euch hat schon einmal einem Tier etwas beigebracht? Was? Wer von euch hat schon einmal selbst etwas von einem Tier gelernt? Was?...

Ich möchte, daß ihr gleich irgendein Tier auswählt, das ihr entweder mögt oder nicht mögt. Das kann auch ein Tier sein, vor dem ihr etwas Angst habt oder wo ihr nicht so richtig wißt, was ihr von diesem Tier halten sollt. Es kann auch ein Tier sein, das ihr tief in euer Herz geschlossen habt, das ihr liebt. Und wer schon einmal ein Tier hatte oder hat, der weiß, wovon ich rede.

Und ihr sollt ein Porträt von diesem Tier anfertigen. Ihr könnt es mit Worten schriftlich machen oder aber ein Bild malen, das entweder das Gesicht oder das ganze Tier zeigt. Entscheidet, wozu ihr Lust habt. Laßt euch dafür 20 Minuten Zeit...

Lassen Sie möglichst viele Arbeiten der Kinder vorlesen, immer zur gleichen Tierart nacheinander. Dann Auswertung.

Auswertung

- Wie hat mir das Experiment gefallen?
- Was habe ich empfunden, als ich das Porträt machte?
- Darf ich ein Tier haben?
- Möchte ich es gern?
- Was können Menschen von Tieren lernen?
- Kenne ich Menschen, die gut zu Tieren sind?
- Was denke ich über Tierliebe?
- Wie geht es Stadtkindern mit Tieren?
- Was möchte ich sonst noch sagen?

Tiergesicht

31

Ziele

Wir wissen nicht, wie das Bewußtsein eines Tieres aussieht. Aber allzuoft lassen wir es an Mitgefühl für die Tiere fehlen. Und unsere Naivität, mit der wir uns einen bevorzugten Platz auf der Erde geben, läßt uns vergessen, daß unser Schicksal untrennbar mit dem von Tieren und Pflanzen verbunden ist. Zu selten identifizieren wir uns mit anderen Lebewesen, zu selten versuchen wir, ihre „Gedanken" und Gefühle zu ergründen.

Kinder sind uns da voraus. Hier haben sie Gelegenheit, ihre erstaunliche Fähigkeit des Mitgefühls auszudrücken. Sie schätzen dieses Experiment sehr.

Teilnehmer

ab 9 Jahren

Zeit

ca. 45 Minuten

Material

Papier und Bleistift

Anleitung

Habt ihr von Tieren gehört, die traurig sein können? Wer hat schon einmal ein Tier gesehen, das sich freute? Wer kennt Tiere, die in anderen Kulturen heilig sind? Welche?...

Was sind in euren Augen erstaunliche Leistungen von Tieren?...

Ich möchte, daß ihr euch gleich ein Tier aussucht, vor dem ihr Respekt habt, das ihr mögt, das ihr gut findet. Malt auf euer Blatt den Umriß des Gesichtes, das dieses Tier hat. Ihr könnt das Gesicht ganz einfach malen. Und dann gebt dem Tiergesicht einen Ausdruck: witzig, häßlich, erschrocken, traurig, böse, schön, fröhlich. Laßt das Tiergesicht einen Ausdruck haben. Malt das Gesicht groß, daß man es von weitem erkennen kann. Ihr habt 5 Minuten Zeit...

Nun dreht das Blatt um. Malt noch einmal ganz schnell den Umriß des Tiergesichtes ohne die Einzelheiten. Und dann schreibt in das Gesicht die Gedanken des Tieres hinein. Was denkt das Tier?...

Lassen Sie ca. 10 Minuten Zeit. Die Kinder sollen dann die Zeichnungen hoch vor ihr Gesicht halten, wenn sie der Gruppe vorlesen, was sie auf die Rückseite geschrieben haben. Anschließend Auswertung.

Auswertung

- Wie hat mir das alles gefallen?
- Wie ist meine Wahl zustande gekommen?
- Was ist das erste Tier, an das ich mich erinnern kann?
- Was ist heute mein Lieblingstier?
- Wie lange kann man als Mensch die Tiersprache verstehen?
- Lese ich gern Tiergeschichten? Welche?
- Was möchte ich sonst noch sagen?

Ein Tier, außen und innen

32

Ziele
Für etwas ältere Kinder ist das die passende Variante des vorangehenden Experiments. Die meisten Kinder mögen diese Möglichkeit, sich mit einem Tier zu befreunden und den Versuch zu wagen, es zu verstehen.

Teilnehmer
ab 10 Jahren

Zeit
ca. 60 Minuten

Material
Papier und Bleistift

Anleitung
Sucht euch irgendein Tier aus, das ihr mögt oder das euch gefällt. Und dann beschreibt bitte auf der ersten Seite, wie das Tier von außen ist: sein Aussehen, seine Bewegungen, seine Tätigkeiten, seinen Körperbau, die Art, wie es in seine Umgebung hineinpaßt, wie es sich ernährt, frißt etc.

Dann dreht das Blatt um und schreibt auf die zweite Seite die Gedanken des Tieres. Was denkt das Tier über sein Leben, seine Situation, was es gerade möchte, vielleicht was es über andere Tiere oder sogar über den Menschen denkt.

Entscheidet, ob ihr ein Haustier wählen wollt, ein gefangenes Tier, ein wildes Tier, ein Tier, das es sehr häufig gibt, oder ein bedrohtes oder aussterbendes Tier.

Habt ihr verstanden, was ich meine?... Ihr habt 20 Minuten Zeit...

Zunächst können in einem Rundgang die Tiere genannt werden, die beschrieben wurden. Danach lesen die Teilnehmer ihre Arbeiten vor, am besten nach dem Prinzip des Kontrastes. Anschließend Auswertung.

Auswertung

– Wie hat mir das Experiment gefallen?
– Wessen Beschreibung hat mich angesprochen?
– Inwiefern paßt das ausgewählte Tier zu mir?
– Träume ich manchmal von Tieren?
– Welche Themen waren in den Gedanken der Tiere enthalten?
– Welche Gedanken fehlten?
– Was möchte ich sonst noch sagen?

Schmetterling und Vogel

Ziele
Dies ist ein besonders reizvolles Experiment, weil die Identifikation mit den Tieren hier richtig ausagiert werden kann durch phantasievolle Bewegungen des eigenen Körpers.

Teilnehmer
ab 8 Jahren

Zeit
ca. 60 Minuten

Material
Für jedes Kind ein Bettlaken

Anleitung
Kennt ihr Erzählungen von eurer Geburt? Wie viele Leute haben geholfen, damit ihr auf die Welt kamt?...

Habt ihr schon einmal eine Geburt miterlebt? Welche? Interessieren euch Geburten?

Ich möchte, daß ihr gleich eine Geburt erleben könnt, und zwar die Geburt eines Schmetterlings.

Steht bitte auf und nehmt das Laken. Stellt euch vor, daß ihr das Ei seid, das ein Schmetterling gelegt hat. Wickelt euch in das Tuch und legt euch auf den Boden, zusammengerollt wie ein Ei, eingehüllt in eine zarte Haut... Ruht als Ei des Schmetterlings eine Weile auf dem Boden. Langsam bildet sich im Innern des Eis die Raupe, noch winzig klein und von der Hülle gut geschützt... (1 Minute)

Jetzt laßt die Raupe aus dem Ei schlüpfen und kriecht dann herum und freßt genug... Ihr müßt euch noch ein paarmal als Raupe häuten... Wickelt euch wieder ein und verlaßt das Tuch als Raupe, die etwas gewachsen ist... Macht das ein paarmal... (2 Minuten)

Nun ist es Zeit, daß sich die Raupe verpuppt. Wickelt euch in das Tuch und stellt euch vor, daß jetzt eure Verwandlung vorbereitet wird. Aus der Raupe wird langsam, langsam ein wunderschöner Schmetterling. Ihr bekommt Flügel, lange

Beine, verschiedene Fühler, und vor allem wünscht ihr euch, bald den Kokon zu verlassen... (1 Minute)

Klettert jetzt aus eurer Hülle heraus und benutzt dann das Laken als eure Flügel... Seid ein Schmetterling und fliegt umher... (1 – 2 Minuten)

Wie war das für euch?...

5 bis 10 Minuten Zwischenauswertung.

Nun könnt ihr noch einmal ausprobieren, wie ein anderes Lebewesen das Licht der Welt erblickt. Werdet das Ei eines Vogels. Wickelt euch in euer Laken und legt euch auf den Boden... Stellt euch vor, daß ihr im Nest liegt, das die Vogelmutter, der Vogelvater oder beide gemeinsam gebaut haben... Während ihr so liegt, überlegt euch, als welcher Vogel ihr gleich aus dem Ei schlüpfen wollt...

Pickt euch jetzt ein Loch in die Eiwand... Klettert aus dem Ei und seid ein Vogelbaby. Wie bewegt sich der kleine Vogel, der ihr jetzt seid?... (1 Minute)

Wachst... Bewegt euch jetzt als erwachsener Vogel...

Und nun baut selbst ein Nest. Benutzt das Laken dazu... Und jetzt seid wieder ein Ei und legt euch in das Nest...

Auswertung

- Wie hat mir das Experiment gefallen?
- Was war ich lieber: Schmetterling oder Vogel?
- In welchen Vogel habe ich mich verwandelt?
- Wie habe ich mich als Raupe oder Schmetterling gefühlt?
- Wie habe ich mich als Vogel gefühlt?
- Wie geht es den Schmetterlingen heutzutage?
- Welche Vogelarten sind bedroht?
- Wozu brauchen wir Schmetterlinge und Vögel?
- Was möchte ich sonst noch sagen?

Unter Tieren aufwachsen

Ziele
Hier wird der alte Mythos benutzt, wie ein Menschenkind von Tieren adoptiert wird. Die Kinder können ihre Version schreiben und Phantasie und Abenteuerlust mit Sympathie und Einfühlung in die Natur verbinden.
Das Experiment paßt gut zu der geistigen Haltung älterer Kinder oder Jugendlicher, die sich Risiken wünschen, mit Einsamkeit einerseits und differenzierten Beziehungen andererseits experimentieren.

Teilnehmer
ab 10 Jahren

Zeit
ca. 90 Minuten

Material
Papier und Bleistift

Anleitung
Habt ihr von Forschern gehört, die in die Wildnis hinausgezogen sind, um die Geheimnisse der Natur zu ergründen? Warum muß ein Forscher immer wieder in die Natur gehen?...

Wer von euch war schon einmal in richtiger Wildnis? Wer von euch möchte einmal in die Wildnis gehen?...

Ich möchte, daß ihr heute in der Phantasie in die Wildnis geht. Stellt euch vor, daß ihr als kleines Kind in der Wildnis ausgesetzt wurdet. Ihr wurdet zum Glück von Tieren aufgenommen, z. B. von Wölfen, Affen oder Elefanten, und von ihnen großgezogen. Beschreibt, wie ihr in die Wildnis gekommen seid, was eure ersten Eindrücke in der Wildnis waren. Wo war das? Wie habt ihr zuerst auf die Tiere reagiert, die euch aufnahmen? Was waren das für Tiere? Was habt ihr empfunden? Wie haben die Tiere euch großgezogen? Was habt ihr von ihnen gelernt? Wie haben die Tiere euch unterwiesen? Wer sind die Feinde eurer Tierfamilie? Wer die Freunde? Wie lebt ihr in der Tierfamilie? Was eßt ihr? Wie schlaft ihr? Welchen Platz habt ihr dort gefunden?

Nehmt euch 30 Minuten Zeit, um euch in dieser Situation zu beschreiben...

In einem Rundgang sollte jedes Kind kurz mitteilen, von welchem Tier es sich großziehen ließ. Dann werden verschiedene Geschichten vorgelesen. Anschließend Auswertung.

Auswertung

- Wie hat mir das Experiment gefallen?
- Was hat mich am meisten interessiert?
- Wessen Geschichte hat mir gut gefallen?
- Welche Fragen sind für mich aufgetaucht?
- Wozu brauchte ich Mut?
- Welchem Tier fühlte ich mich am nächsten?
- Was möchte ich sonst noch sagen?

Geschichte vom Apfel

35

Ziele

In den folgenden Experimenten können die Kinder sich gefühlsmäßig auf Pflanzen einstellen. Für Stadtkinder ist es leichter, sich zu Tieren hingezogen zu fühlen. Den Kontakt zu Pflanzen müssen sie oft neu entwickeln. Hier dient ein Apfel als Identifikationsangebot. Die Kinder können versuchen, sich mit ihm zu identifizieren und aus seiner Perspektive zu erleben, was einem Apfel widerfährt.

Teilnehmer

ab 9 Jahren

Zeit

ca. 60 Minuten

Material

Papier und Bleistift. Für jedes Kind einen Apfel. Es ist gut, wenn die Äpfel ganz unterschiedlich sind: große und kleine, verschiedene Sorten, fleckige, makellose...

Anleitung

Wer von euch hat schon einmal einen Apfel vom Baum gepflückt? Wer von euch hat schon einmal einen Apfelkern in die Erde gesteckt und darauf gewartet, was aus der Erde kommt?...

Welche Äpfel eßt ihr besonders gern?...

Schaut euch die Äpfel an, die ich mitgebracht habe. Sie sollen euch helfen, eine Geschichte vom Apfel zu erzählen. Für welchen Apfel entscheidet ihr euch? Für einen glatten? Einen schrumpeligen? Einen kleinen? Einen großen?... Nehmt euch jetzt einen Apfel und untersucht ihn, während ich euch sage, wie es weitergeht. Ich möchte, daß ihr gleich die Geschichte eines Apfels aufschreibt...

Der Apfel soll die Geschichte selbst erzählen. Also zum Beispiel so: „Ich bin ein Apfel..."

Geben Sie ein Beispiel, indem Sie einen der Äpfel über sein Aussehen sprechen lassen.

Am Anfang hängt der Apfel noch an einem Baum. Dann wird er gepflückt.

Wie mag sich ein Apfel fühlen, wenn er gepflückt wird? Dann kommt der Apfel in ein Lager mit lauter anderen Äpfeln. Und wie fühlt er sich dort? Und wie könnte die Geschichte weitergehen? Denkt euch aus, was alles mit dem Apfel geschehen kann. Was soll der Apfel erleben? Wie geht es ihm, wenn er z. B. gegessen wird? Von wem möchte er sich essen lassen? Schreibt die Erlebnisse, Gedanken, Gefühle des Apfels auf. Ihr könnt über euren Apfel schreiben oder über einen Apfel, den ihr euch ausdenkt.

Habt ihr verstanden, was ich meine?... Laßt euch 20 Minuten Zeit...

Anschließend lesen die Kinder ihre Geschichten vor. Dann Auswertung.

Auswertung

- Wie hat mir das Experiment gefallen?
- Welche Geschichte fand ich schön?
- Glaube ich, daß Pflanzen auch Gefühle haben oder etwas denken?
- Wie behandle ich Pflanzen?
- Pflege ich Pflanzen im Haus oder im Garten?
- Kenne ich Menschen, die mit Pflanzen „sprechen"?
- Haben wir im Gruppenraum Pflanzen?
- Was möchte ich sonst noch sagen?

Die Samen und die Tiere

Ziele

Hier kann ein Vorgang aus der Natur wiederum von den Kindern ausagiert werden. Bereiten Sie die Kinder bitte entsprechend vor durch einen Film oder eine Demonstration, so daß ihnen der ganze Prozeß der Verteilung von pflanzlichen Samen vertraut ist.

Die Aufgabe dieses Experiments ist es, den Vorgang mit innerer Beteiligung zu erleben und aus einer veränderten, neugierig machenden Perspektive zu erleben. Lassen Sie die Kinder zuvor wählen, welche Rolle sie spielen wollen: Samen, Tiere, Wind, Sonne, Wasser, Erde. Jede Rolle kann mehrfach besetzt werden.

Teilnehmer

ab 8 Jahren

Zeit

ca. 45 Minuten

Anleitung

Die Kinder, die die Samenkörner sind, beginnen. Ihr seid alle zusammen in mehreren Schoten. Ihr seid ganz dicht beieinander und noch winzig klein. Ihr könnt euch nicht bewegen...

Jetzt kommt das Wasser. Das Wasser gibt der Pflanze zu trinken, damit die Schoten wachsen und die Samen größer werden können... Einige Schoten werden größer, einige bekommen nicht genug Wasser und bleiben klein... Das Wasser geht weg. Die Sonne kommt jetzt und wärmt die Schoten mit den Samen... Jetzt brechen die Schoten auf, und die Samen kommen heraus...

Der Wind kommt und bläst die Samen in viele Richtungen...

Die Tiere kommen und laufen in den Samen herum. Einige Samen bleiben am Fell der Tiere hängen, einige Samen werden von den Tieren gefressen... Jetzt finden alle Samen einen Platz, an dem sie liegenbleiben...

Der Wind bläst Erde über einige Samenkörner... Das Wasser kommt und wäscht Erde über einige Samenkörner... Die Sonne kommt und macht die Erde warm, so daß die Samenkörner anfangen zu wachsen...

Das Wasser kommt und gibt den kleinen Pflanzen Feuchtigkeit, die ihnen hilft, zu einer großen Pflanze zu werden... Der Wind kommt und bläst sanft über die Pflanzen... Die Tiere kommen und spielen um die Pflanzen herum... Bald erzeugen die Pflanzen neue Schoten. Diese Schoten haben wieder viele Samen in sich, und die ganze Geschichte beginnt wieder neu...

Auswertung

- Wie hat mir das Experiment gefallen?
- Wie fühlte ich mich als Samenkorn am Anfang in der Schote?
- Wie fühlte ich mich als Wasser?
- Was würde passieren, wenn zu viel Wasser käme? Wenn es zu wenig Wasser gäbe?
- Wie half der Wind den Samen? Wann würde der Wind schaden?
- Wie fühlte ich mich als Tier? Was bewirkten die Tiere?
- Was würde geschehen, wenn es diese Tiere nicht gäbe?
- Wie wirken Tiere und Pflanzen zusammen?
- Wie fühlte ich mich als wachsende Pflanze? Wie gefielen mir Sonne, Wind, Regen? Wann halfen sie?
- Welche Rolle würde ich gern spielen, wenn wir das Stück wiederholten?
- Welche unbehaglichen Gefühle hatte ich?
- Wurde ich gelegentlich auch traurig oder ärgerlich?
- Was möchte ich sonst noch sagen?

Grashalm im Frühling

Ziele

Hier können sich kleine Kinder mit einer ganz alltäglichen Pflanze identifizieren. Die Situation des Grashalms an der Grenze vom Winter zum Frühling hat viel Ähnlichkeit mit der existentiellen Lage der Kinder, die auch immer wieder in Phasen des Übergangs sind und das Neue ängstlich und freudig erwarten. Sie können hier Eigenes in die Natur projizieren und aus der Natur Mut und Zuversicht schöpfen.

Teilnehmer

ab 9 Jahren

Zeit

ca. 60 Minuten

Material

Papier und Bleistift, Teilnehmermaterial „Grashalm im Frühling", ein Grashalm für jedes Kind

Anleitung

Ich habe für jeden von euch einen Grashalm mitgebracht. Sucht euch einen aus, der euch gefällt, und schaut ihn gut an...

Ich möchte, daß ihr gleich eine Geschichte vom Grashalm erzählt. Lest euch die Fragen auf dem Formular durch und beantwortet sie dann. Laßt euch 30 Minuten Zeit dafür...

Lassen Sie möglichst viele Kinder ihre Texte vorlesen. Dann Auswertung.

Auswertung

- Wozu braucht die Natur das Gras?
- Welche Lebewesen leben eng mit dem Gras zusammen?
- Habe ich ein Beet, das ich von Gras freihalte? Liege ich gern im Gras? Rieche ich gern Gras? Oder den Duft von Heu?

(Teilnehmermaterial)

Grashalm im Frühling

Stell dir vor, daß du der e r s t e Grashalm im Frühling bist. Du versuchst, durch den Schnee hindurchzukommen, der noch dick über dir liegt. Wie fühlst du dich als dieser Grashalm?

....

....

....

....

....

Stell dir vor, daß du den ganzen Winter geschlafen hast. Nun wachst du auf und über dir liegen 5 cm Schnee. Was sind deine Gedanken?

....

....

....

....

....

Was tun deine Gras-Muskeln, um durch den Schnee zu kommen?

....

....

....

....

Wirst du es schaffen? Wie und warum?

....

....

....

....

(Teilnehmermaterial „Grashalm im Frühling“)

Jetzt ist viel von dem Schnee geschmolzen. Jetzt ist dein kleiner grüner Kopf gerade durch den Schnee gekommen. Du schaust dich um und siehst, daß du der erste Grashalm bist, der weit und breit zu sehen ist. Wie fühlst du dich?

....

....

....

....

Sei der erste Grashalm im Frühling und schreibe eine Geschichte, was du erlebst, wenn der Schnee schmilzt und die anderen Grashalme auftauchen, um dir Gesellschaft zu leisten:

....

....

....

....

....

....

....

....

....

....

....

....

....

....

....

....

....

....

38 Ein Wassertropfen

Ziele
Hier können die Kinder ihre Phantasie auf eines der Elemente konzentrieren. Die Identifikation mit dem Wasser fällt den Kindern leicht und bietet viele psychologische Anknüpfungspunkte. Andererseits ist Trinkwasser ein wichtiges ökologisches Thema. Die Kinder können aufmerksamer werden auf dieses knappe Gut der Natur.

Teilnehmer
ab 9 Jahren

Zeit
ca. 60 Minuten

Material
Papier und Bleisitft. Für je zwei Kinder ein kleines Gefäß mit Wasser

Anleitung
Wie oft am Tag benutzt ihr Wasser? Wieviel Liter Wasser braucht ihr ungefähr an jedem Tag? Wieviel Wasser trinkt ihr täglich?...

Und wer spielt gern am Wasser oder im Wasser? Wie kann ein Kind mit Wasser spielen?... Wo gibt es besonders sauberes, klares Wasser?... Welches Wasser ist ziemlich giftig?...

Ich möchte, daß ihr gleich etwas über Wasser nachdenkt. Etwas, das auf den ersten Blick vielleicht langweilig ist, kann ziemlich spannend werden, wenn wir uns damit beschäftigen.

Nehmt zu zweit ein kleines Gefäß und füllt es mit Leitungswasser...

Taucht einen Finger hinein, so daß an der Fingerspitze ein Wassertropfen hängt... Schaut in diesen Wassertropfen, seht seine Beweglichkeit, wie das Licht durch ihn hindurchgeht...

Ich möchte, daß ihr gleich eine Geschichte schreibt über einen Wassertropfen. Seid in der Geschichte selbst dieser Wassertropfen und beschreibt eure Erlebnisse als Wassertropfen. Beginnt mit den Worten: „Ich bin ein kleiner Wassertropfen. Ich befinde mich...“ Ihr könnt entscheiden, wo dieser Wassertropfen gerade ist, in einem Teich, im Fluß, im Meer, in der Wasserleitung, in einer Regenwolke. Und erzählt von euren Gedanken und Gefühlen als Wassertropfen. Berichtet, was ihr erlebt. Vielleicht erlebt ihr angenehme Dinge, schöne Dinge. Vielleicht erlebt ihr auch Unangenehmes und Ärgerliches.

Habt ihr verstanden, was ich meine?... Laßt euch 15 Minuten Zeit...

Lassen Sie die Kinder ihre Geschichten vorlesen. Wenn Sie Zeit haben, können auch verschiedene Wassertropfen improvisierte Dialoge halten, z.B. der Wassertropfen, der aus dem Gebirgsbach kommt, mit einem Wassertropfen aus einem verschmutzten Fluß etc. Anschließend Auswertung.

Auswertung

- Wie hat mir das Experiment gefallen?
- Wie habe ich mich als Wassertropfen gefühlt?
- Was war angenehm – was war unangenehm?
- Bin ich sparsam mit Wasser?
- Was sind meine Lieblingsspiele mit Wasser?
- Liebe ich das Meer? Wassersport? Schwimme ich gern?
- Was möchte ich sonst noch sagen?

39 Transformationen

Ziele
Dies ist ein sehr anregendes Experiment für die Kinder, bei dem sie sich tüchtig bewegen können.

Teilnehmer
ab 8 Jahren

Zeit
ca. 30 Minuten

Anleitung
Wir werden gleich sehr viel Wasser im Raum haben – in der Phantasie von jedem einzelnen Kind.

Steht bitte auf und beginnt herumzugehen. Stellt euch vor, daß ihr euch in einen kleinen Fisch verwandelt und in einem flachen Bach schwimmt. Wie ist euch zumute? Seid ihr ein schneller Fisch? Ein träger Fisch? Ein neugieriger Fisch?...

Nun stellt euch vor, daß ihr das Wasser des Baches seid. Seid das Wasser in einem kleinen, frischen Bach. Wie bewegt ihr euch dann?...

Nun seid das Wasser in einem großen, großen Fluß. Wie bewegt ihr euch nun?...

Nun seid Wasser im Ozean. Wie bewegt ihr euch?...

Und jetzt stellt euch vor, daß sich das Wasser in Wasserdampf verwandelt. Die heiße Sonne hat euch verdunsten lassen, und ihr steigt als Wasserdampf auf in den Himmel. Wie bewegt ihr euch nun?...

Seid Wasserdampf, der als dichter Nebel über dem Land liegt. Schwebt als Nebel herum. Wie geht das?...

Nun werdet zu kleinen Regentropfen, die gerade noch von einer Wolke getragen werden können. Wie bewegt ihr euch jetzt?...

Und nun seid dicke Regentropfen, die auf die Erde fallen und unten zerspritzen. Wie geht das?...

Nun seid wieder Regentropfen, die von ganz kalter Luft gefroren werden zu dicken und dünnen Hagelkörnern. Wie bewegt ihr euch, wenn ihr plötzlich gefriert? Wie fallt ihr zu Boden?...

Nun seid Schneeflocken, die sanft auf die Erde schweben... Und nun seid ein Schneemann, den Kinder gebaut haben. Steht da als kalter Schneemann ganz regungslos...

Jetzt kommt die Sonne und läßt euch schmelzen. Laßt den Schneemann zu einer Pfütze werden... Und nun kommt die Sonne und läßt euch als Wasserdampf aufsteigen... höher, höher...

Und nun seid wieder Wasser auf der Erde. Wo möchtet ihr gern sein?...

Und nun könnt ihr noch ein wenig tun, was ihr als Wasser gern tun möchtet und wo ihr gern seid... (1 Minute)

Nun stoppt bitte. Schüttelt Arme und Beine aus und kommt zum Kreis zurück. Wie war das für euch?...

Auswertung

- Wie hat mir das Experiment gefallen?
- Welcher Zustand des Wassers war angenehm für mich?
- Was war schwer auszudrücken?
- Was habe ich am Schluß für mich allein probiert?
- Was möchte ich sonst noch sagen?

40 Monolog eines Tieres oder einer Pflanze

Ziele
Für ältere Kinder und Jugendliche ist dies eine hervorragende Gelegenheit, Interesse, Zuneigung, Betroffenheit einem anderen Lebewesen gegenüber auszudrücken. Dabei sollen die Teilnehmer selbst entscheiden, was sie sich für dieses Experiment auswählen. Sie können auch einen Spaziergang im Freien vorschlagen, auf dem sich die Teilnehmer für eine konkrete Pflanze oder ein Tier entscheiden, mit dem sie sich identifizieren möchten.

Teilnehmer
ab 12 Jahren

Zeit
ca. 60 Minuten

Material
Papier und Bleistift

Anleitung
Wir sind auf vielfältige Weise mit Tieren und Pflanzen verbunden. Sie sind immer noch unsere Existenzgrundlage, und manchmal werden sie sogar unsere Freunde, für die wir gern sorgen. Laßt eure Gedanken wandern und denkt eine Weile darüber nach, welche Beziehung ihr in dieser Zeit eures Lebens zu Tieren und Pflanzen habt. Spielt ein Tier oder eine Pflanze zur Zeit eine wichtige Rolle für euch? Oder gab es eine Zeit, wo das so war?...

Würdet ihr Tieren und Pflanzen gern näher sein, wenn das irgendwie ginge? Überlegt euch irgendein Tier oder eine Pflanze, die euch im Augenblick einfällt. Und schreibt dann die Gedanken auf, die dieses Lebewesen haben könnte. Wie geht es euch als Tier oder Pflanze? In welcher Verfassung seid ihr? Was beschäftigt euch? Seid ihr glücklich? Was erwartet ihr? Wie sind eure Perspektiven? Welche Beziehung habt ihr zu Menschen? Wie ist eure Stimmung? ...

Habt ihr verstanden, was ich meine?... Laßt euch 30 Minuten Zeit...

Lassen Sie die Teilnehmer ihre Arbeiten vorlesen. Dann Auswertung.

Auswertung

- Wie hat mir das Experiment gefallen?
- Wie bin ich auf mein Tier bzw. meine Pflanze gekommen?
- Was ist dabei für mich wichtig geworden?
- Brauchen wir ein „persönliches“ Verhältnis zu Tieren und Pflanzen?
- Was möchte ich sonst noch sagen?

41

Angsttraum eines Tieres

Ziele
Dies ist eine passende Möglichkeit, die gefährliche Lage des Menschen in erträglicher Weise zu betrachten. Das Experiment greift die Angst der Kinder vor den sich zuspitzenden ökologischen Schwierigkeiten auf und gibt eine indirekte Ausdrucksmöglichkeit.

Teilnehmer
ab 12 Jahren

Zeit
ca. 60 Minuten

Material
Papier und Bleistift

Anleitung
Welche Tiere haben in unserer Zeit Grund, pessimistisch zu sein, welche Tiere leiden? Welche Tiere sind in ihrer Existenz bedroht? Welche wilden Tiere sind in Gefahr auszusterben? Und welche Haustiere werden von den Menschen schlecht behandelt?...

Ich möchte, daß ihr euch irgendein Tier auswählt, das euch einfällt. Stellt euch vor, daß dieses Tier einen Traum träumt, der die Angst des Tieres vor der Zukunft ausdrückt. Vielleicht ist das ein Traum über das persönliche Schicksal dieses Tieres. Vielleicht ist das ein Traum über das Schicksal der Art dieses Tieres. Vielleicht ist das ein Traum vom Schicksal der Erde, der Natur, der Tiere, der Pflanzen, der Menschen.

Wir wissen nicht, wie Tiere träumen. Daher könnt ihr diesen Traum sehr frei gestalten. Versetzt euch dazu in die Lage dieses Tieres, das eure Aufmerksamkeit hervorgerufen hat. Was mag dieses Tier träumen? Soll es ein Traum sein mit schlimmem Ende? Mit etwas Hoffnung? Mit einer Warnung? Laßt euch 30 Minuten Zeit, diesen Traum aufzuschreiben...

Lassen Sie jeden Teilnehmer zunächst berichten, welches Tier ihm eingefallen ist. Dann sollen möglichst viele Arbeiten vorgelesen werden. Auswertung im Plenum.

Auswertung

- Wie hat mir das Experiment gefallen?
- Was geht mir jetzt durch den Kopf?
- Was habe ich bei der Arbeit empfunden? Was fühle ich jetzt?
- Was denke ich über die Lage von Tieren und Pflanzen?
- Was denke ich über die Situation der Erde? Des Menschen?
- Was möchte ich sonst noch sagen?

42 Untergang einer Stadt

Ziele

In der Phantasie können die Jugendlichen sich mit möglichen Entwicklungen befassen. Sie können versuchen, mit der unangenehmen Wahrheit zu experimentieren, daß die Natur viel robuster ist als der Mensch. Schlagen Sie das Experiment nur vor, wenn die Gruppe belastbar und tatkräftig ist.

Teilnehmer

ab 14 Jahren

Zeit

ca. 90 Minuten

Material

Papier und Bleistift, Teilnehmermaterial „Untergang einer Stadt“

Anleitung

Ich möchte euch zu einem Experiment einladen, das etwas gruselig ist, das vielleicht starke Nerven erfordert.

Ich habe ein Formular für euch vorbereitet. Lest es bitte durch und schreibt dann auf, was euch dazu einfällt. Ihr habt 45 Minuten Zeit...

Lassen Sie einige Arbeiten ganz vorlesen. Es ist auch anregend, verschiedene Antworten auf die Fragen eines bestimmten Abschnittes zu sammeln. Von jedem Teilnehmer sollte zumindest der letzte Abschnitt vorgetragen werden.

Auswertung

- Wie hat mir das Experiment gefallen?
- Was war am unangenehmsten?
- Was war wichtig oder gut für mich?
- Was hat mir an der Arbeit der anderen gefallen?
- Was möchte ich sonst noch sagen?

(Teilnehmermaterial)

Untergang einer Stadt

Erfinde die Geschichte einer Stadt, die sich selbst vergiftet.

1. Abschnitt:

Wo und wann spielt die Geschichte? Beschreibe die Stadt in ihren Einzelheiten. Du kannst eine wirkliche Stadt beschreiben oder eine erdachte.

2. Abschnitt:

Wie vergiftet sich die Stadt? Was geschieht? Wie lange dauert der Vorgang, bis kein Mensch mehr in der Stadt leben kann? Was führt zu dieser Entwicklung?

3. Abschnitt:

Beschreibe drei Menschen dieser Stadt. Wer sind sie? Was tun sie? Wie handeln sie?

4. Abschnitt:

Nachdem kein Mensch mehr in der Stadt leben kann: Welche Tiere, Pflanzen und andere Organismen können dort weiterleben?

5. Abschnitt:

Was ist die Reaktion der Städte in der Nähe? Was sagt die öffentliche Berichterstattung? Was sagen die verantwortlichen Politiker?

6. Abschnitt:

Ziehe eine Bilanz. Gibt es eine Moral aus deiner Geschichte?

43

Das elfte Gebot

Ziele

Wir würden unserer eigenen religiösen Tradition nicht gerecht, wenn wir nicht auch anerkennen würden, daß unser Verhältnis zur Natur auch eine spirituelle Frage ist. Es geht nicht allein um Probleme der Entsorgung, der Schadstoffbekämpfung, des Naturschutzes etc. Auch Naturnähe, Tierliebe, Hege der Landschaft allein werden nicht ausreichen.

Am Ende dieses Kapitels wird diese Thematik wenigstens in einem Experiment aufgegriffen. Jugendliche können versuchen, die verschiedenen möglichen Richtungen einer Antwort zu bedenken. Angesichts der Subtilität des Problems wird ein indirektes Verfahren gewählt, das keine Bekenntnisse verlangt, dafür das Denken in Bewegung setzt.

Teilnehmer

ab 14 Jahren

Zeit

ca. 90 Minuten

Material

Papier und Bleistift

Anleitung

In vielen Punkten bilden die Zehn Gebote das Fundament unseres alltäglichen Handelns. Was erlaubt, was verboten ist, wie wir uns bei vielen Handlungen fühlen – all das wird in hohem Maße von den Forderungen der christlichen Ethik bestimmt. Kritiker weisen zu Recht darauf hin, daß der Zustand der Welt trotzdem nicht der beste ist. Wieder andere haben in letzter Zeit beklagt, daß die christliche Ethik und speziell die zehn Gebote keine Vorschriften für unser Verhältnis zur Natur geben.

Ich möchte euch zu einem Gedankenexperiment einladen, bei dem ihr eure eigene Sicht des Problems vorsichtig einfließen lassen könnt.

Stellt euch vor, daß ihr zu irgendeiner Freikirche gehört, die es sich erlauben kann, ein elftes Gebot zu den bestehenden zehn hinzuzufügen. Dieses elfte Gebot soll das Verhältnis des Menschen zur Natur, zu Erde regeln und mitteilen, was er darf bzw. nicht darf.

Diese Freikirche möchte einen demokratischen Versuch wagen. Sie lädt verschiedene soziale Gruppen ein, einen Entwurf für das elfte Gebot zu machen. Zur ersten Gruppe gehören Mütter von Kindern. Zur zweiten Gruppe gehören berufstätige Männer. Zur dritten Gruppe gehören männliche und weibliche Künstler, Dichter, Musiker, Maler usw. Zur vierten Gruppe gehören Politiker.

Ihr könnt euch gleich zu einer der vier Gruppen melden, um darin mitzuarbeiten. Wenn ihr euch zu einer dieser Gruppen meldet, muß das nicht bedeuten, daß ihr im Leben später dieser Gruppe angehören wollt. Es genügt, wenn ihr bei diesem Experiment dort mitwirken wollt. Es wäre gut, wenn die Gruppen alle etwa gleich groß sind. Wer möchte in welcher Gruppe mitarbeiten? ...

Ich wiederhole noch einmal die Aufgabe. Entwerft aus der Perspektive eurer Gruppe ein elftes Gebot, das den Umgang des Menschen mit der Natur regelt. Ihr habt dazu 30 Minuten Zeit...

Gibt es noch Fragen?...

Lassen Sie die Gruppen anschließend berichten und ihre Entwürfe vortragen. Dann Auswertung im Plenum. Wenn Sie viel Zeit haben, können Sie auch ein Fishbowl machen, in dem aus jeder Gruppe ein Sprecher sitzt. Diese gemischte Gruppe könnte 15 Minuten lang versuchen, eine gemeinsame Version aus den vier vermutlich divergierenden Fassungen des elften Gebots zu entwickeln.

Auswertung

- Wie hat mir das Experiment gefallen?
- Was war am wichtigsten für mich?
- Wie würde ich persönlich das elfte Gebot formulieren?
- Wie haben sich meine Gefühle bei der Arbeit entwickelt?
- Welche Grundsätze für das Verhältnis zur Natur haben andere Religionen?
- Was möchte ich sonst noch sagen?

SELBSTKONZEPT

44 Raum, den ich mir nehme

Ziele

Was wir von uns als Person halten, wird in entscheidendem Maße sehr früh geprägt. Außer den Eltern können zum Glück später auch andere Erwachsene sowie Gleichaltrige und Freunde unsere Meinung von uns selbst weiter ausformen und z. T. auch korrigieren.

Unser Selbstkonzept hat eine wichtige erste Komponente in unserem Körperbild. Wieweit wir mit unserem Körper vertraut sind, was wir alles mit ihm tun können, wie wir unser Äußeres einschätzen, unsere körperliche Geschicklichkeit, unsere Gesundheit und unsere Wahrnehmung des Körpers – all das bestimmt unser Körperbild. Ein „schwaches" Selbstgefühl ist oft mit einem fragmentarischen Körperbild verbunden.

Eine zweite Komponente ist das psychologische Bild, das wir von uns entwickelt haben. Es beinhaltet Einschätzungen unserer Bedeutung, unserer Wichtigkeit für andere, Beurteilungen unserer Kompetenzen, den Katalog unserer Wertvorstellungen, die Liste von Rollen, die wir zu spielen haben.

Eine dritte Komponente ist unser eigener Entwicklungsplan. Er beinhaltet Annahmen über die nötige Loyalität zur Ursprungsfamilie, über mögliche und notwendige Lebensziele im Bereich von Liebe und Arbeit, über unser Engagement an der Gesellschaft etc.

Es liegt auf der Hand, daß viele Gefühle, angenehme und unangenehme, die Einschätzung der drei genannten Komponenten begleiten. Und manchmal sind wir mit unserem Selbstbild zufrieden oder sogar sehr zufrieden. Und dann merken wir dringend, daß wir etwas ändern müssen. Manchmal müssen wir unser Selbstbild ändern und z. B. der Lebensstufe anpassen, die wir erreicht haben. Und manchmal müssen wir unsere Handlungen und Lebensumstände ändern, um unserem Selbstbild zu entsprechen.

Die meisten Experimente in diesem Kapitel sind so angelegt, daß die Kinder wesentliche Teile *ihres* Selbstbildes ausdrücken können, oft indirekt und manchmal direkt. Sie betonen nicht die Defizite und Spaltungen. Die Kinder entscheiden selbst, welche positiven und welche negativen Aspekte ihres Selbstbildes sie ausdrücken möchten.

In einer Reihe von Experimenten werden Körperbewußtsein und Körperbild gefördert als wichtige Basis eines gutes Selbstgefühls.

Bei nahezu allen Kindern wird es dazu kommen, daß Defizite und Unerwünschtes ausgedrückt werden. Wir können als Erwachsene am besten helfen, wenn wir negative Bestandteile des Selbstbildes zunächst akzeptieren und vom Kind darstellen lassen. Veränderung wird nur möglich, wenn die Schwierigkeit

zunächst ohne Einschränkung anerkannt wird.
In diesem ersten ganz ausgezeichneten Experiment kann das Kind auf einfache Weise ein wichtiges Kapitel Körperbild lernen. Es kann sich als Körper im Raum erleben, die Grenzen des Körpers, die Grenzen des intimen, persönlichen Raumes aufmerksam erforschen.

Teilnehmer
ab 9 Jahren

Zeit
ca. 45 Minuten

Material
1 Bettlaken für jedes Kind

Anleitung
Was glaubt ihr: Wie viele Kinder können auf einem Stuhl Platz finden?... Wie viele Kinder passen in einen Golf?... Wie viele Kinder würden in diesem Raum Platz finden?... Der wäre ganz schön voll!

Nehmt euer Tuch und legt euch auf den Boden. Deckt euch mit dem Tuch zu... Holt ein paarmal tief Luft und macht es euch bequem. Schließt bitte die Augen...

Stellt euch vor, daß all der Platz, den ihr zum Leben habt, jetzt dort unter dem Tuch ist. Wie hören sich die Geräusche dort an? Wie riecht die Luft dort? Spürt die Luft, wenn ihr ausatmet... Spürt den Boden unter euch... Spürt das Tuch über euch...

Jetzt öffnet langsam die Augen... Schaut euch um unter dem Tuch. Seht, wo das Tuch den Boden berührt. Seht das Tuch, wo es euren Körper berührt... Entdeckt langsam, daß ihr eure Finger bewegen könnt, eure Hände, eure Arme... Ihr könnt eure Zehen, Füße, Beine bewegen... Langsam, langsam könnt ihr euch bewegen und euch auf Knie und Hände stützen, den Rücken nach oben gewölbt...

Beobachtet, was eure Bewegung mit dem Tuch macht... Habt ihr dadurch mehr oder weniger Platz?...

Nun könnt ihr anfangen, langsam herumzukriechen. Achtet auf den Platz, den ihr dabei habt. Bemerkt, was sich ändert. Ihr werdet andere treffen. Was passiert dann?... Wo drängen sie wohl in euren Raum ein? Wo dringt ihr selbst in ihren Raum ein?... (2 – 3 Minuten)

Jetzt kriecht langsam an eine Stelle, wo ihr für euch seid. Richtet euch auf, stellt euch langsam hin... Während ihr das tut, achtet auf euren ganzen Körper. Was verändert sich? Wie ändert sich der Platz, den ihr habt, wenn ihr aufsteht?...

Sobald ihr steht, könnt ihr den Raum betrachten, den ihr jetzt für euch geschaffen habt. Schaut das Tuch an... Spürt euren Körper... Achtet auf euren Atem...

Beginnt langsam umherzugehen, immer noch unter eurem Tuch. Was ändert sich jetzt? Ihr könnt wieder andere treffen. Wie verändert sich dann euer Raum? Stellt euch vor, wie ihr den Raum der anderen ändert, wenn ihr auf sie trefft... (2 – 3 Minuten)

Geht langsam wieder an einen Platz, wo ihr für euch seid... Langsam, langsam nehmt das Tuch weg. Achtet auf den Raum, den ihr nun habt... Was könnt ihr jetzt sehen, und wie seht ihr es?... Achtet auf die Gerüche... Wie fühlt sich die Luft auf eurer Haut an?... Achtet auf die Geräusche um euch herum... (1 – 2 Minuten)

Wenn ihr bereit seid, kommt zur Gruppe zurück...

Für die Kinder ist das oft eine starke Erfahrung. Manche sind danach ruhig und zurückgezogen. Sie absorbieren diese Erfahrung. Andere sind angeregt und lebhaft.

Auswertung

– Wie hat mir das Experiment gefallen?
– Was habe ich entdeckt?
– Gab es Überraschungen?
– Was war am besten?
– Wieviel Platz habe ich sonst?
– Wieviel Platz braucht ein Kind in meinem Alter?
– Was möchte ich sonst noch sagen?

Wenn ich eine Wolke wäre

Ziele

Hier werden Vergleiche benutzt, um das Selbstkonzept zu festigen und vielleicht zu erweitern. Wichtig ist, daß nicht intellektuelle Begründungen im Vordergrund stehen (Ich möchte ein Vogel sein, weil...), sondern die intuitive Umsetzung der Metapher in Bewegung. Das macht die Sache lebendig und haltbar.

Teilnehmer

ab 8 Jahren

Zeit

ca. 45 Minuten oder weniger

Anleitung

Wer von euch hat schon einmal davon geträumt, sich verwandeln zu können? In einen Vogel zum Beispiel, der weit und hoch fliegen kann? In einen Cowboy, der keine Angst hat und meistens trifft?... In was würdet ihr euch gern verwandeln?...

Ich möchte mit euch ein Spiel mit vielen Verwandlungen spielen. Stellt euch hin, nicht zu dicht beieinander... Wenn ihr euch in eine Wolke verwandeln würdet, wie sähe diese Wolke aus? Malt die Wolke mit einer Hand oder mit beiden Händen in die Luft...

Wenn ihr euch in einen Berg verwandeln könntet, wie sähe dieser Berg aus? Malt den Berg mit einer Hand oder mit beiden Händen in die Luft...

Wenn ihr euch in einen Stern, eine Sonne, einen Mond oder in einen Kometen verwandeln könntet, wofür würdet ihr euch entscheiden? Malt den Himmelskörper, den ihr wählt, in die Luft, diesmal nicht mit den Händen, sondern mit der Nasenspitze...

Wenn ihr euch in eine Blume verwandeln könntet, in welche Blume würdet ihr euch verwandeln? Malt sie mit einer Hand in die Luft...

Wenn ihr euch in ein Musikinstrument verwandeln könntet, welches möchtet ihr sein? Spielt etwas auf diesem Instrument...

Wenn ihr euch in ein Insekt verwandeln würdet, welches würdet ihr vorziehen? Malt es mit der Fußspitze auf den Boden...

Wenn ihr euch in ein Werkzeug verwandeln könntet, welches würde euch gefallen? Arbeitet mit diesem Werkzeug...

Wenn ihr euch in ein Tier verwandeln könntet, welches wäre euch besonders angenehm? Bewegt euch im Raum wie dieses Tier...

Wenn ihr euch in ein Feuer verwandeln könntet, was für ein Feuer wärt ihr dann am liebsten? Seid mit dem ganzen Körper dieses Feuer...

Wenn ihr ein Baum wärt, welcher Baum paßt zu euch? Steht da, Füße, Knie, Rumpf, Kopf und Arme wie dieser Baum...

Und wenn ihr ein Gebäude wärt, welches wärt ihr am liebsten? Malt das Gebäude mit beiden Händen in die Luft...

Stellt euch vor, ihr würdet ein Weg oder eine Straße. Wie müßte man darauf gehen? Immer geradeaus? In Kurven? Bequem? Vorsichtig? Geht so, wie man darauf gehen müßte...

In was möchtet ihr euch noch verwandeln? Malt es auf den Boden oder in die Luft oder drückt es irgendwie passend mit dem Körper aus... (1 Minute)

Nun kommt bitte zum Platz zurück...

Auswertung

- Wie hat mir das Experiment gefallen?
- Was konnte ich entdecken?
- Was war am angenehmsten?
- Was war schwierig?
- Gab es eine Überraschung?
- Wie fühle ich mich jetzt?
- Was möchte ich sonst noch sagen?

Mein Gesicht

46

Ziele
Unser Selbstkonzept wird wesentlich davon bestimmt, was wir über unser Gesicht denken. Glauben wir, daß unser Gesicht angenehm zu betrachten ist? Daß wir mit unserem Gesicht Signale senden können, die von anderen beachtet werden? Daß unser Gesicht eine gewisse Autorität darstellt? Daß unser Gesicht zu unserem Inneren paßt?

Dies ist vielleicht am wichtigsten. Wenn wir gelernt haben, daß unser Gesicht uns gehört und nicht anderen, daß es ein wichtiges Instrument der Verständigung ist, daß es immer mehr Ausdruck unserer Individualität sein kann, dann hilft uns unser Gesicht, uns wichtig, kompetent, dazugehörig zu fühlen. Dieses Experiment unterstützt die Kinder handgreiflich, sich ihr Gesicht anzueignen, es zu erforschen, sich mit ihm zu identifizieren.

Teilnehmer
ab 10 Jahren

Zeit
ca. 60 Minuten

Material
Zeichenpapier, Ölkreiden

Anleitung
Wer von euch hat schon mit Kreide Gesichter auf Wände, Mauern usw. gemalt? Wer von euch hat Gesichter in den Sand gemalt? Wer von euch kritzelt manchmal Gesichter aufs Papier?...

Ich möchte, daß ihr heute ein besonders wichtiges Gesicht malt. Steht bitte auf. Malt mit einer Hand ein ganz großes Gesicht in die Luft... Malt ein kleines trauriges Gesicht in die Luft... Malt ein großes lachendes Gesicht in die Luft... Malt mit beiden Händen das Gesicht eines riesigen Schneemannes in die Luft... Malt mit der Nasenspitze das Gesicht einer jungen kleinen Katze... Malt mit dem Rücken den Umriß eines Elefantengesichts... Malt mit einer Hand euer eigenes Gesicht, als ihr ein kleines Baby wart... Malt mit einer Hand euer Gesicht, wie es aussah, als ihr zur Schule kamt...

Nun schließt die Augen eine Weile... Berührt mit der linken Hand euer Gesicht. Fühlt es, tastet es ab, die Stirn, die Augenbrauen, die Ohren, die Nase, die Augen, den Mund, das Kinn, die Kiefer, die Wangen...

Wie weit sind die einzelnen Teile voneinander entfernt?... Während ihr das alles tut, stellt euch vor, wie euer Gesicht aussieht... (1 – 2 Minuten)

Nehmt nun die rechte Hand und malt die Linien eures Gesichtes behutsam nach...

Nun öffnet die Augen und malt euer Gesicht, wie es heute aussieht, aus dem Gedächtnis in die Luft...

Jetzt kehrt bitte auf euren Platz zurück und malt euer Gesicht mit Ölkreide auf Papier. Wenn ihr ein Teil genauer „sehen“ wollt, tastet es ab. Wißt ihr die Farbe eurer Augen, des Haars?...

Laßt euch 15 Minuten Zeit dafür...

Lassen Sie bitte jedes Kind sein Bild kurz hochhalten. Freiwillige und von Ihnen aufgeforderte Kinder können zu ihrem Bild erzählen. Dann Auswertung.

Auswertung

- Wie hat mir das Experiment gefallen?
- Wie war das Malen in der Luft?
- Wie gefällt mir mein Bild?
- Welches andere Bild gefällt mir?
- Wann gefällt mir ein fremdes Gesicht? Wann mein eigenes?
- Was kann ich mit meinem Gesicht ohne Worte sagen?
- Was möchte ich sonst noch sagen?

Mein Gesicht, meine Gedanken

47

Ziele
Auch dieses einfache Experiment ist eine gute Möglichkeit für Kinder, etwas von ihrem Selbstbild auszudrücken.

Teilnehmer
ab 10 Jahren

Zeit
ca. 45 Minuten

Material
Papier und Bleistift

Anleitung
Ich möchte, daß ihr gleich verschiedene Gesichter malt. Ihr könnt ausprobieren, wie das geht. Malt so, wie ihr es macht, wenn ihr euch die Zeit mit Malen von Männchen, Fratzen, Witzfiguren usw. vertreibt. Kein Gesicht muß schön sein, ihr könnt einmal mit der rechten und einmal mit der linken Hand malen.

Malt zuerst ein Gesicht, das nur aus Punkten besteht... (je ca. 30 Sekunden)

Malt jetzt ein Gesicht, das aus Linien und Punkten besteht...

Malt ein Gesicht, das nur gekritzelt ist...

Malt ein Gesicht, ohne auf das Papier zu sehen...

Malt mit offenen Augen ein lachendes Gesicht...

Malt ein trauriges Gesicht...

Malt ein neugieriges Gesicht...

Malt ein verschlossenes Gesicht...

Malt irgendein Gesicht, das ihr mögt oder nicht mögt... (1 Minute)

Nun nehmt ein neues Blatt. Malt euer eigenes Gesicht ziemlich schnell, in zwei Minuten...

Nun dreht das Blatt bitte um und malt noch einmal den Umriß eures Gesichtes. Schreibt dann einige Gedanken hinein, die zu diesem Gesicht passen (z.B. „Ich gehe gern zum Judo“ oder: „Ich bin stolz auf meine Geschicklichkeit“)... (5 – 10 Minuten)

Lassen Sie die Kinder die Gedanken vorlesen und das Blatt dabei vor ihr Gesicht halten, so daß die anderen das Selbstporträt sehen können.

Auswertung

- Wie hat mir das Experiment gefallen?
- Was habe ich entdecken können?
- Was hat Spaß gemacht?
- Was hat mich gestört oder geärgert?
- Wessen Bild oder Gedanken fand ich interessant?
- Kann ich manchmal an einem Gesicht die Gedanken erkennen?
- Wer kann von meinem Gesicht ablesen, was ich denke?
- Was möchte ich sonst noch sagen?

Selbstbild mit Spiegel

48

Ziele
Hier können die Kinder den Eindruck wiedergeben, den sie wirklich von ihrer gesamten Erscheinung haben. Für einzelne Kinder kann es wesentlich sein, wenn sie dabei ab und zu in einen großen Spiegel schauen können, der sie von Kopf bis Fuß zeigt. Das Beschaffen des Spiegels lohnt sich in diesem Fall, auch wenn nicht alle Kinder davon Gebrauch machen. Der Spiegel hilft allen, konkret zu werden und sich mit ihrem Körperbild zu konfrontieren.

Je älter die Kinder sind, desto genauer und „objektiver" gehen sie an diese Aufgabe. Sie betrachten sich mit derselben Sorgfalt, mit der jüngere Kinder die Erwachsenen betrachten.

Teilnehmer
ab 10 Jahren

Zeit
60 bis 90 Minuten

Material
Papier und Bleistift, 1 großer Spiegel

Anleitung
Ich möchte, daß ihr gleich eine Beschreibung eurer Erscheinung versucht. Seht euch mit euren eigenen Augen. Kleinere Kinder achten weniger auf ihr Aussehen. Sie verlassen sich darauf, daß die Erwachsenen dafür sorgen, wie sie aussehen. Wenn wir älter werden, wissen wir, daß wir zum Teil selbst für unsere Erscheinung verantwortlich sind. Wir haben es in der Hand, ob wir dicker oder dünner sind, welche Frisur wir haben, ob unser Körper trainiert oder untrainiert ist, was wir anziehen usw. Wir entscheiden, welche Gesten wir machen, ob wir lächeln oder unnahbar aussehen. Und schließlich können wir auf ganz unterschiedliche Weise unsere besonderen Merkmale benutzen. Wir können ein Schlappohr mit Pfiff tragen oder als Markenzeichen für Unbeholfenheit verwenden.

Bitte beschreibt euch so, wie ihr tatsächlich ausseht. Wenn ihr wollt, könnt ihr den Spiegel benutzen und einiges überprüfen, was euch als Bild unklar oder verschwommen vorkommt. Laßt euch 20 Minuten Zeit...

Lassen Sie die Teilnehmer zu dritt zusammenkommen, sich ihre Selbstbilder vorlesen und einen ersten Austausch vornehmen: Wie paßt mein Selbstbild dazu, wie mich andere sehen? Was ist mir aufgefallen? Dann Auswertung im Plenum.

Auswertung

- Wie hat mir das Experiment gefallen?
- Was war angenehm? Was war unangenehm?
- Welche Teile meiner Erscheinung machen mich unsicher?
- Welche Teile meiner Erscheinung machen mich sicher?
- Wie beeinflussen Kinder oder Jugendliche in meinem Alter ihr Äußeres?
- Welche Rolle spielt das Urteil Erwachsener? Das Urteil von Freunden?
- Welche Rolle spielt die Mode?
- Möchte ich lieber älter aussehen, als ich bin?
- Wie weit kann ich mir erlauben, so auszusehen, wie ich mich fühle?
- Was möchte ich sonst noch sagen?

Ähnlichkeiten

Ziele

Hier kann das Kind Vergleiche benutzen, um seine Individualität auszudrücken, um ein Bild seiner immer differenzierter werdenden Person zu entwerfen. Es kann dabei Aspekte des Körperbildes, des psychologischen Selbstbildes oder des inneren Entwicklungsplans benutzen. Sie können dieses Experiment gut im Anschluß an Experiment 45 erproben.

Teilnehmer

ab 12 Jahren

Zeit

ca. 45 Minuten

Material

Teilnehmermaterial „Ähnlichkeiten", Schreibzeug

Anleitung

Manchmal werden Vergleiche benutzt, die uns gefallen. Manchmal gefallen uns diese Vergleiche nicht. Wenn jemand zu dir sagen würde: „Du bist wie dein Bruder oder wie deine Schwester" – wem würde das gefallen?... Wem würde das nicht gefallen?...

Wenn wir uns selbst mit Dingen vergleichen, ist das anders. Wir haben dann viel eher das Gefühl, einmalig zu sein. Und um uns zu sagen, wer wir sind oder wie wir sind, können wir uns mit unendlich vielen Dingen vergleichen, mit Blumen, Tieren, Autos usw.

Ich möchte, daß ihr gleich ein paar Vergleiche aussucht, die zu euch passen. Ich habe ein Formular vorbereitet. Lest es bitte durch und beantwortet die Fragen. Laßt euch dafür 20 Minuten Zeit...

Möglichst viele Kinder sollen ihre Skizzen zeigen und erklären. Dann Auswertung.

Auswertung

- Wie hat mir das Experiment gefallen?
- Was war überraschend für mich?
- Was war angenehm bzw. was war unangenehm?
- Wessen Bild mochte ich leiden?
- Wann ist es gefährlich oder unpassend, einen Menschen mit einer anderen Person zu vergleichen?
- Mit welchen Dingen könnte man Menschen sonst noch vergleichen?
- Spiele ich solche Vergleichsspiele auch sonst?
- Was möchte ich sonst noch sagen?

(Teilnehmermaterial)

Ähnlichkeiten

Hier kannst du dich mit Dingen vergleichen. Wähle Dinge aus, die dich von allen anderen unterscheiden. Vergleiche dich mit Dingen, die so sind wie du.

1. Welches Tier ist so ähnlich, wie du bist? ....
   Warum bist du so wie das Tier? ....
   ....
   ....
2. Welche Frucht ist so ähnlich, wie du bist? ....
   Auf welche Weise bist du so wie die Frucht? ....
   ....
   ....
3. Welche Zahl macht es so wie du? ....
   Warum? ....
   ....
   ....
4. Welches Wetter ist so wie du? ....
   Warum? ....
   ....
   ....
5. Welche Blume oder Pflanze hat etwas an sich, was dir ähnlich ist? ....
   ....
   Was macht die Blume oder Pflanze zu einem Spiegelbild von dir? ....
   ....
   ....

Nun zeichne ein Bild von dir. Benutze die Frucht, die Zahl, die Blume oder Pflanze und das Tier, um ein Bild von d i r zu malen:

50 Was wäre, wenn...

Ziele
Manchmal fällt es uns schwer, direkt über uns zu sprechen. Dann kann uns ein Wechsel der Erzählperspektive helfen. Wir lassen einfach irgendein Ding über uns sprechen – ein Ding, das irgendwie zu uns gehört, wohlwollend neutral vielleicht, nicht so eng und kritisch uns gegenüber wie Personen.

Für Jugendliche, denen manchmal auch so zumute ist, ist dies eine sehr hübsche Möglichkeit, ein faires Bild von sich zu entwerfen.

Teilnehmer
ab 13 Jahren

Zeit
ca. 60 Minuten

Material
Papier und Bleistift

Anleitung
Habt ihr jemals darüber nachgedacht, was euer Fahrrad erzählen würde, wenn jemand auf die Idee käme, es über euch auszufragen? Oder was euer Kugelschreiber über euch berichten würde? Vielleicht sind die Dinge, die euch im Leben begleiten, recht wohlwollend und fair. Sie würden keinen Star aus euch machen, aber auch kein Aschenputtel.

Stell dir vor, daß irgendein Ding von dir erzählen würde: wer du bist, was du tust, worauf es dir ankommt, was du willst etc. Welches Ding soll ein kleines Porträt von dir entwerfen, deine Zahnbürste – Bett – Schuhe – Schreibtisch – Schrank – Kleid – Eisschrank – Hemd – Kugelschreiber – oder was sonst?

Überlassen Sie es bitte den Teilnehmern, aus dieser oder einer längeren Liste etwas auszuwählen oder sich für ein anderes Objekt zu entscheiden.

Habt ihr verstanden, was ich meine?... Bitte laßt nun ein von euch autorisiertes Objekt eine kleine Beschreibung eurer Persönlichkeit geben. Ihr habt dazu 30 Minuten Zeit...

Lassen Sie die Teilnehmer dann in Quartetten zusammenkommen und sich ihre Arbeiten vorlesen und darüber austauschen. Dann Auswertung im Plenum. In einem Rundgang kann jeder Teilnehmer zunächst mitteilen, für welchen Gegenstand er sich entschieden hat.

Auswertung

- Wie hat mir das Experiment gefallen?
- Was habe ich herausgefunden?
- Wessen Beschreibung hat mich angesprochen?
- Hat das von mir gewählte Objekt fair berichtet?
- Was möchte ich sonst noch sagen?

51

Selbstbild als Tier

Ziele

Dieses wunderschöne Experiment regt die Jugendlichen an, ein indirektes Selbstbild zu entwerfen. Sie können aus der Perspektive eines zu ihnen passenden Tieres von sich erzählen. Diese Art des Selbstbildes führt meist zu lebendigen und poetischen Arbeiten der Gruppenmitglieder.

Teilnehmer

ab 14 Jahren

Zeit

ca. 60 Minuten

Material

Papier und Bleistift

Anleitung

Stellt euch bitte vor, daß ihr euch in ein Tier verwandeln würdet. Wählt ein Tier, das heute, gerade jetzt, zu euch paßt. Oder wollt ihr lieber ein Tier sein, das vor zwei Monaten zu euch paßte? Entscheidet selbst.

Und was für ein Tier seid ihr? Ein Raubtier? Ein Pflanzenfresser? Ein wildes Tier? Ein Haustier? Ein Tier im Zoo?... Wo lebt ihr? In der Wildnis? Auf Feldern? In der Stadt?... Seid ihr ein geselliges Tier? Ein Einzelgänger?...

Wie überlebt ihr? Durch Schnelligkeit, Tarnung, Kraft, Anpassungsbereitschaft? Wer sind eure Feinde? Wer sind eure Freunde?... Müßt ihr wachsam sein? Seid ihr ein Tag- oder ein Nachttier? Gibt es viele Exemplare eurer Art?... Was genießt ihr? Was fürchtet ihr? Wozu seid ihr da?...

Wie ist euer Temperament?... Habt ihr besondere Merkmale, die euch von den Artgenossen unterscheiden?... Wie bewegt ihr euch? Wie seht ihr aus? Seid ihr auffällig? Schön anzusehen?...

Und als dieses Tier schreibt bitte ein kleines Selbstporträt. Beschreibt euer Leben, eure Gedanken, Handlungen, Gefühle, euer Äußeres und euer Inneres, Euren Lebensraum. Versucht dem Tier, das ihr wählt, einen passenden Tonfall zu geben, eine Sprache, die ihm gemäß ist.

Habt ihr verstanden, was ich meine?... Ihr habt 20 Minuten Zeit...
Bitten Sie möglichst viele Teilnehmer, ihre Porträts der Gruppe vorzustellen.

Auswertung
- Wie hat mir das Experiment gefallen?
- Was habe ich herausfinden können?
- Wie bin ich mit meinem Tier zufrieden?
- Wessen Portrait finde ich schön oder zutreffend?
- Mag ich solche Art von Aufgaben?
- Was möchte ich mit meinem Text anfangen?
- Was möchte ich sonst noch sagen?

52

Selbstbild als Baum

Ziele

Dies ist ein Experiment, mit dem auch ältere Kind gut zurechtkommen. Das Bild des Baumes eignet sich vorzüglich, um viele Aspekte des Selbstbildes anzudeuten. Da hier gezeichnet wird, ist ein besonders sanfter Weg in die Thematik gewährleistet. Es bleibt der Auswertung vorbehalten, bestimmte Dinge an- und auszusprechen und ggf. zu vertiefen.

Aber auch ohne explizite Auswertung hat jedes Kind etwas Wichtiges mit seinem Bild erreicht: Es hat auf sichere Weise etwas Intimes dargestellt, sich exponiert, ohne damit zu weit zu gehen. Es hat sich „erfolgreich" mitgeteilt, ohne sich in den Fallstricken der Alltagssprache zu verheddern.

Teilnehmer

ab 10 Jahren

Zeit

ca. 60 Minuten

Material

Zeichenpapier, Ölkreiden

Anleitung

Ich möchte euch zu einem Experiment einladen, bei dem ihr vielleicht etwas Wichtiges herausfinden könnt: einen Beweis dafür, daß ihr wirklich einmalig seid. Oft ziehen wir uns so an wie andere. Wir tun Dinge wie andere. Wir werden mit anderen verglichen oder verwechselt. Aber im Innern ahnen wir, daß es keine Kopie von uns gibt, keinen Doppelgänger.

Manchmal zweifeln wir allerdings daran, manchmal vergessen wir unsere Einmaligkeit.

Nachher, wenn wir eure Bilder ansehen, könnt ihr überprüfen, ob ich recht hatte.

Setzt euch bitte bequem hin und schließt die Augen. Atmet ganz behaglich und benutzt gleich meine Worte als Anregung. Wenn ihr wollt, könnt ihr ihnen Schritt für Schritt folgen. Ihr könnt sie auch nur als Merkliste behalten und euer inneres Bild in einer ganz anderen Reihenfolge entstehen lassen.

Stellt euch vor, daß ihr ein Baum seid, ein Baum, der zu euch paßt. Was für ein Baum seid ihr? Ein großer Baum? Ein Baum mit einem dicken Stamm? Mit einem biegsamen Stamm? Wie verzweigen sich eure Äste? Habt ihr einige starke Äste? Viele kleine Zweige? Habt ihr Blätter oder Nadeln? Steht der Baum gerade in Blüte? Wie sehen die Blüten aus? Oder tragt ihr schon Früchte? Und was hat euer Baum wohl für Wurzeln? Was glaubt ihr? Wie halten sie sich in der Erde? Und was ist das für Erde, in der die Wurzeln sind?

Wo steht der Baum überhaupt? Im Wald? Zwischen anderen Bäumen? Allein? In einem Garten oder Park? An einem Berg? Am Meer? In der Stadt? Was ist alles um den Baum herum?

Wer kommt zu dem Baum? Tiere? Vögel? Menschen? Was machen die Besucher? Was ist das für ein Gefühl, dieser Baum zu sein? Wie geht es dem Baum? Was hofft er? Was fürchtet er? Wieviel Sonne und Licht bekommt er? Wieviel Feuchtigkeit?...

Erforscht euren Baum noch eine Weile... (1 – 2 Minuten)

Nun ist es Zeit, die Augen langsam zu öffnen. Malt bitte gleich euren Baum so, wie ihr ihn euch vorstellt. Ihr könnt euch 15 Minuten Zeit nehmen...

Lassen Sie nachher jeden seinen Baum kurz vorstellen. Wer möchte, fügt einige erklärende Worte hinzu oder beschreibt ihn per „ich“: „Ich bin der Baum.“ Dann Auswertung.

Auswertung

- Wie hat mir das Experiment gefallen?
- Wie finde ich meinen Baum?
- Was mag ich an ihm besonders?
- Was finde ich schade oder traurig?
- Wessen Baum interessiert mich?
- Welche Charakteristika meines Baumes treffen auf mich und mein Leben zu?
- Welchen Titel würde ich meinem Baumbild geben?
- Was möchte ich sonst noch sagen?

53 Licht und Schatten

Ziele
Dies ist eine einfache Möglichkeit für Jugendliche, um miteinander ins Gespräch zu kommen über die bewußten und leicht zugänglichen „Ränder" des Selbstbildes. Reizvoll ist, daß nicht direkt gefragt wird: Was gefällt dir an deiner Person, was nicht? Das Experiment regt eine ungewohnte Suche nach Aspekten des Selbst und eine frische Perspektive an.

Teilnehmer
ab 14 Jahren

Zeit
ca. 45 Minuten

Material
Papier und Bleistift

Anleitung
Wenn wir älter werden, dann wissen wir, daß wir Licht- und Schattenseiten in uns haben. Und wir wissen dann auch schon, daß wir mit beiden Seiten zurechtkommen können. Und noch später können wir manchmal bemerken, daß etwas von der Schattenseite sich als ungeheuer wertvoll erweist und daß sich etwas von der Sonnenseite als ziemlich belanglos oder auch als schädlich herausstellt.

Ich möchte, daß ihr euren Rufnamen benutzt, um Licht- und Schattenseiten eurer Person zu betrachten. Schreibt bitte die Buchstaben des Rufnamens an der linken Seite des Blattes untereinander so auf, daß die ganze Höhe des Blattes verwendet wird. Und dann schreibt zu jedem Buchstaben Wörter hin, die eure positiven Qualitäten beschreiben, das, was ihr könnt, was ihr für wertvoll haltet, eure Ziele im Leben. Schreibt so viele Wörter hin, wie euch einfallen. Ihr habt 10 Minuten Zeit...

Nun dreht das Blatt um... Schreibt euren Namen wieder in derselben Weise senkrecht an den linken Rand. Und schreibt nun zu jedem Buchstaben Wörter hin, die das bezeichnen, was euch fehlt, was ihr unbehaglich oder unangenehm an euch findet, eure Zweifel, Unsicherheiten, eure Fehler und Schwächen. Schreibt wieder so viele Wörter hin, wie ihr könnt. Ihr habt wieder 10 Minuten Zeit...

Nun kommt bitte zu viert zusammen. Jeweils einer von euch kann eine Zeit im Mittelpunkt der Aufmerksamkeit stehen und von seiner Liste die Dinge mitteilen, die er mitteilen mag. Die Zuhörer können danach ihre Meinung äußern. Ihr habt im ganzen 30 Minuten Zeit für die Gruppenarbeit...

Anschließend Auswertung im Plenum.

Auswertung

- Was geschah, als ich wie die Klugheit war?
- Was war wichtig für mich?
- Was war überraschend?
- Was regt mich zum Nachdenken an?
- Waren die anderen hilfreich?
- Was möchte ich sonst noch sagen?

54 Elefant mit zwei Gesichtern

Ziele

Hier haben die Kinder Gelegenheit, sich etwas mit ihren inneren Widersprüchen zu befreunden. Kleinere Kinder erschrecken oft, wenn sie erkennen müssen, wie widersprüchlich sie handeln und denken. Es fällt ihnen schwer, Dinge zu schätzen oder zu akzeptieren, die von den Eltern abgewertet oder abgelehnt werden. Es ist schwierig für sie, sich Dinge zu verzeihen, die sie im Widerspruch zum eigenen moralischen Empfinden getan haben.

In diesem Experiment können die Kinder üben, auch widersprüche Aspekte ihres Selbst anzuerkennen und nebeneinander zu akzeptieren.

Teilnehmer

ab 10 Jahren

Zeit

ca. 60 Minuten

Material

Papier und Bleistift

Anleitung

Kennt ihr das von euch, daß ihr manchmal ganz freundlich und offen seid und dann wieder ganz verschlossen? Daß ihr manchmal ganz ruhig und klar seid und dann wieder ziemlich hektisch?

Und sicher kennt ihr auch Erwachsene, die ganz schön unterschiedlich sein können, mal nett, mal ekelhaft.

Ich möchte, daß ihr die Geschichte von einem kleinen Elefanten schreibt, der zwei unterschiedliche Gesichter zeigt. Wenn er mit seinen Freunden zusammen ist, zeigt er ein ganz anderes Gesicht, als wenn er zu Hause ist. Erzählt die Geschichte von diesem jungen Elefanten. Gebt dem Tier einen Namen und der Geschichte am Ende einen Titel.

Habt ihr verstanden, was ich meine?... Ihr habt 15 Minuten Zeit...

Lassen Sie verschiedene Elefantengeschichten vorlesen. Wenn Sie mögen, können Sie die beiden Gesichter bzw. die damit assoziierten Situationen auch spielen lassen.

Auswertung

- Wie hat mir das Experiment gefallen?
- Was habe ich herausgefunden?
- Was fand ich unangenehm?
- Wie können Kinder mit den zwei Gesichtern von Erwachsenen fertigwerden?
- Welche zwei Gesichter zeige ich selbst manchmal?
- Wie kann ein Kind mit seinen eigenen vielen Gesichtern leben?
- Was möchte ich sonst noch sagen?

55 Das kleine Ungeheuer in mir

Ziele

Hier können die Kinder auf humorvolle Weise etwas Produktives für ihre Schattenseiten tun. Fast jedes Kind hat im Selbstbild dunkle Flecken: Manchmal hat eine inkompetente Mutter einem kleinen Jungen täglich eingeredet, ein „kleiner Teufel" zu sein (großer schwarzer Fleck!). Oder dem Kind wurde etwas Natürliches verboten („Masturbieren ist schlimm!"). Oder das Kind tat etwas (Stehlen, Schulangst), das seine eigenen Standards verletzte, um durch dieses „Fehlverhalten" einen Elternteil von einer Krise abzulenken usw. Wie immer dieser dunkle Fleck im Selbstbild zustande gekommen ist, hier können die Kinder diesen Teil mit Genehmigung der Autorität des Gruppenleiters ans Licht bringen und erforschen. Voraussetzung für dieses Experiment ist, daß die Teilnehmer von Ihrer Toleranz und Kompetenz überzeugt sind. Außerdem ist Vertrauen unter den Kindern wichtig.

Teilnehmer

ab 12 Jahren

Zeit

ca. 60 Minuten

Material

Zeichenpapier, Ölkreiden

Anleitung

Kennt ihr das: Manchmal tun wir etwas, was wir auf keinen Fall tun dürfen. Die anderen zeigen uns, daß das sehr böse ist. Manchmal tun wir etwas, was wir selbst nicht richtig finden. Wir sind dann über uns selbst wütend.

Und manchmal sagen uns andere sogar, daß wir ein Ungeheuer, ein Teufel oder so etwas sind.

Nun, ihr wißt ja, daß Monster und andere mehr oder weniger furchtbaren Ungeheuer auch recht beliebte Figuren sind. Vielleicht sind sie zu irgend etwas nütze. Ich möchte daher, daß ihr einmal das kleine (oder große) Ungeheuer in euch vorzeigt und ans Licht holt. Malt es sehr schön groß und in passender Farbe auf. Geht an einen geschützten Platz, so daß beim Malen niemand zusehen kann. Wir machen nachher eine gemeinsame Vorstellung aller Ungeheuer. Ich male auch eines meiner Ungeheuer.

Habt ihr verstanden, was ich meine?... Ihr habt 15 Minuten Zeit...

Halten Sie den Ton bei der Einleitung etwas humorvoll und behalten Sie die Gruppe im Auge. Rechnen Sie damit, daß das Ungeheuer eines Kindes manchmal ziemlich viel Respekt verlangen kann. – Lassen Sie anschließend vielleicht in einem Rundgang zunächst jedes Kind mitteilen, wie es sich fühlt, worauf es neugierig ist etc. Dann sollten Freiwillige nacheinander ihre Bilder zeigen in einem Ritual auf der Grenze von Ernst und Heiterkeit. Danach können einzelne Bilder näher erläutert werden. Anschließend dann Auswertung.

Auswertung

– Wie hat mir das Experiment gefallen?
– Was war am wichtigsten für mich?
– Wie fühle ich mich jetzt?
– Was ist an meinem Ungeheuer ernst zu nehmen?
– Was ist daran eher komisch?
– Was möchte ich sonst noch sagen?

STRESS

56 Die gestreßte Maus

Ziele

Eltern unter Streß haben häufig gestreßte Kinder. Wenn wir als Eltern nicht in der Lage sind, unsere Aufgaben ruhig und besonnen auszuführen, dann geben wir den Kindern Anlaß zur Beunruhigung. Und wir versäumen dann leicht, Kindern in für sie schwierigen Situationen zu zeigen, wie sie ihre Probleme wirksam lösen können.

Streß ist die Reaktion des gesamten Organismus, wenn eine Schwierigkeit oder eine Krise von uns nicht gelöst werden kann. Wir aktivieren unseren Geist, unsere Psyche, unseren Körper – finden jedoch keine zufriedenstellende Koordination, weil wir nicht wissen, mit welchen Schritten wir das Problem aufheben können. Da niemand eine intensive Daueraktivierung aller seiner Systeme aushalten kann, erfinden wir unbewußt Pseudo-Problemlösungen, die uns beruhigen, allerdings oft zu hohen Kosten. Wir entwickeln alle Arten von Symptomen, körperliche, psychische, geistige, soziale usw. Das Symptom ist unser Versuch, den Streß zu begrenzen und ein unlösbares Problem irgendwie zu lösen.

Heute stehen immer mehr Kinder und Jugendliche unter Streß. Oft sind sie nicht in der Lage (oder sie scheuen sich), über schwierige Probleme zu sprechen. Statt dessen gibt es die vielen Slangausdrücke, die sich um Streß herumranken. Die Quellen von Streß werden im Alltag seltener angesprochen. Es ist daher zweckmäßig, die Warnsignale zu beachten, die auf Streß eines Kindes oder eines Jugendlichen hinweisen: Kopf-, Nacken-, Bauchschmerzen, Herzflattern, Übelkeit, Durchfall, Appetitlosigkeit, Spasmen usw., Bettnässen, Haarauszupfen, Nägelkauen, Zähneknirschen, Freßlust, Schlafstörungen, Rückzug in Tagträume, Schüchternheit, Lügen, Stehlen, Stottern, gesteigerte Eifersucht, Angeben oder Selbstverleugnung usw. usw.

Alle diese Symptome zeichnen sich durch die Übertreibung aus, mit der ein an sich natürliches Verhalten praktiziert wird. Ein zu großes Problem wird bewältigt durch ein „Zuviel“ irgendeines anderen Vorganges.

Wenn wir gestreßten Kindern helfen wollen, müssen wir sie zunächst ermutigen und ihnen helfen, das oder die streßauslösenden Probleme zu identifizieren und darüber zu sprechen. In einem zweiten Schritt können wir versuchen, mit den Kindern geeignete Maßnahmen zu treffen, um die Probleme zu lösen. Manchmal ist es ausreichend, wenn das Kind eine andere geistige Perspektive entwickelt und eine Schwierigkeit anders sieht. Manchmal muß es bestimmte Fertigkeiten entwickeln, um eine unumgängliche Aufgabe zu bewältigen. Manchmal müssen auch Veränderungen in der Lebensweise des Kindes, in Familie und Schule, herbeigeführt werden.

Als Gruppenleiter müssen wir versuchen, das Vertrauen des Kindes zu gewinnen, es seinen Streß darstellen zu lassen, das Symptom zunächst zu akzeptieren und als ersten Schritt einer Problemlösung anzuerkennen, geeignete zweite Schritte herauszufinden.

Die Experimente dieses Kapitels geben den Kindern Gelegenheit, ihren Streß darzustellen und auf die Quelle ihrer Belastung hinzuweisen. Es ist zu hoffen, daß Sie als Gruppenleiter mit Hilfe der Gruppe dem einzelnen Kind etwas behilflich sein können, dann eine praktische Problemlösung zu finden.

In diesem ersten Experiment können die Kinder Streß, den sie kennengelernt haben oder aktuell erleben, auf ein unverfängliches Tier projizieren. Dieses indirekte Verfahren schützt die Kinder, die sich für ihre Probleme evtl. schämen. Wenn Sie länger an dem Thema Streß arbeiten wollen, können Sie aus all den Arbeiten der Kinder auch eine Streßliste ableiten, die die unterschiedlichen Quellen von Kinderstreß verzeichnet.

Teilnehmer
ab 9 Jahren

Zeit
ca. 60 Minuten

Material
Papier und Bleistift, Zeichenpapier, Ölkreiden

Anleitung
Habt ihr schon einmal Erwachsene beobachtet, die „im Streß" waren? Die vielleicht sagten: „Jetzt wird es mir zuviel!" oder „Ich weiß nicht, was ich tun soll?" oder „Oh meine Nerven!"

Manchmal zeigen Erwachsene ihren Streß auch auf andere Weise. Sie rauchen eine Zigarette nach der anderen, sie trinken täglich Alkohol, sind nicht ansprechbar.

Und glaubt ihr, daß auch Kinder Streß erleben? Wer hat sich schon einmal gestreßt gefühlt? Wann erlebt ihr so etwas wie Streß?...

Lassen Sie alle Antworten zu, auch wenn es sich um „normale" Belastungen, Anstrengungen, einmalige Schwierigkeiten etc. handelt.

Am besten ist es, wenn wir früh anfangen, Streß zu bemerken. Ich möchte, daß ihr gleich eine kleine Geschichte schreibt oder ein Bild malt, wobei es um eine gestreßte Maus gehen soll. Die Maus soll in eurem Alter sein. Irgend etwas belastet sie sehr. Immer und immer wieder stößt sie auf eine Schwierigkeit und weiß nicht, wie sie die Schwierigkeit lösen soll. Ihr könnt nachher entscheiden, was das für eine Schwierigkeit sein soll.

Leidet die junge Maus daran, daß sie nicht mit ihren Fähigkeiten zufrieden ist? Ärgert sie sich über die Mäuseeltern? Fühlt sie sich einsam? Sucht sie Anerkennung? Möchte sie etwas freier leben? Oder möchte sie manchmal protestieren und traut sich nicht? Ärgert sie sich, wenn es nicht fair zugeht? Stört es sie, wenn sie von jemandem bei irgend etwas unterbrochen wird? Gehen andere vielleicht nicht vorsichtig mit ihrem Eigentum um? Hat sie Sorgen in der Familie? In der Schule?

Erfindet eine Geschichte von einer gestreßten Maus, die etwa euer Alter hat. Erzählt, was die Maus belastet. Was sie macht, um damit fertigzuwerden. Soll ihr jemand helfen, oder ist sie mit ihren Sorgen allein? Wie geht die Sache aus? – Oder malt ein Bild, das zeigt, wann und wie sich die junge Maus gestreßt fühlt.

Habt ihr verstanden, was ich meine?... Laßt euch 20 Minuten Zeit...

Anschließend stellen die Teilnehmer ihre Arbeiten vor, zeigen die Bilder oder lesen ihre Geschichte vor.

Auswertung

– Wie fühle ich mich jetzt?
– Was hat mich am meisten interessiert?
– Worauf bin ich neugierig?
– Geht es mir manchmal so wie meiner Maus?
– Gibt es ein Problem, das mich immer wieder beschäftigt?
– Mit wem kann ich darüber sprechen?
– Was möchte ich sonst noch sagen?

Belastungen

Ziele
Ältere Kinder und Jugendliche erhalten Gelegenheit, Streßsituationen ihres Alters darzustellen. Sie können vielleicht etwas von ihrer Scham eigenem Streß gegenüber abbauen und ihre Bereitschaft entwickeln, sich für eigene Belastungen Hilfe zu holen.

Teilnehmer
ab 12 Jahren

Zeit
ca. 90 Minuten

Material
Papier und Bleistift

Anleitung
Wann habt ihr das Wort „Streß" zum ersten Mal gehört? Benutzt ihr das Wort auch selbst manchmal? Kennt ihr jemanden, der großen Streß hat? Wann sollte man anfangen, die Kunst der Streßbewältigung zu lernen?...

Ich möchte, daß ihr gleich eine Person erfindet, die an Streß leidet. Das kann jemand in eurem Alter sein oder jünger oder älter. Entscheidet, was die Belastung sein soll, mit der sich die Person abplagen muß. Soll die Belastung aus der Familie stammen? Macht sich die Person Sorgen um den Zustand der Welt? Um Krieg und Frieden, Umweltzerstörung, Arbeitslosigkeit? Sorgt sich die Person um ihr eigenes Aussehen? Ist sie schüchtern? Hat sie als Mädchen Probleme mit Jungen oder als Junge Probleme mit Mädchen? Hat die Person zuviel Freiheit und weiß nicht, worauf es ankommt? Sorgt sich die Person um ihre Gesundheit? Hat sie Schwierigkeiten mit Geld? Ist sie sehr ehrgeizig? Ist sie erschöpft? Fühlt sie sich insgeheim wertlos? Ist sie wütend auf die Eltern? Hat sie unbrauchbare Vorbilder? Fühlt sie sich ungerecht behandelt? Ist sie in Drogen- oder Alkoholkonsum verstrickt? Hat sie Probleme mit Gleichaltrigen? Setzt sie sich selbst unerreichbare Ziele?...

Alle diese Dinge und noch viel mehr können belastend sein. Gebt auf jeden

Fall eurer Person eine Belastung, die größer ist als eure eigene. Beschreibt, worin die Belastung besteht und wie sie sich im Leben der Person auswirkt. Laßt noch offen, wie die Sache weitergeht.

Habt ihr verstanden, was ich meine? Nehmt euch 15 Minuten Zeit, um diese Person zu erfinden und um ihren Streß zu beschreiben...

Nun tauscht euer Blatt mit dem Nachbarn. Lest durch, was der Nachbar geschrieben hat. Und dann schreibt seinen Text weiter. Ihr könnt erzählen, wie die Person versucht, mit dem Streß fertigzuwerden. Soll das ganz schlimm werden? Soll die Person selbst eine Lösung für ihre Schwierigkeiten finden? Soll sie jemanden um Hilfe bitten? Hilft ihr das Schicksal? Entscheidet, wie es im Leben dieser Person weitergehen soll.

Laßt euch dafür 20 Minuten Zeit...

Lassen Sie die Paare, die ihre Texte ausgetauscht haben, einander die Arbeiten vorlesen und kurz miteinander darüber sprechen, 10 – 15 Minuten. Dann Auswertung im Plenum, wobei zunächst möglichst viele Teilnehmer ihre Geschichten vorlesen sollen. Wenn Sie wollen, können Sie auch hier einen gemeinsamen Streßkatalog erstellen.

Auswertung

- Wie hat mir das Experiment gefallen?
- Was hat mich neugierig gemacht?
- Was hat mir gefallen? Was hat mich geärgert?
- Wie hat mein Partner meine Geschichte fortgesetzt?
- Welche andere Geschichte beschäftigt mich?
- Was macht es schwer, über eigenen Streß zu sprechen?
- Wie können Kinder ihre Belastungen leichter machen?
- Mit wem kann ich über Belastungen sprechen?
- Was möchte ich sonst noch sagen?

Streß und Familie

58

Ziele

Vor allem für Jugendliche ist dies eine Möglichkeit, aufmerksamer auf Streß erzeugende Botschaften zu achten und vorsichtig Distanz einzunehmen. Solche Botschaften werden häufig von den Eltern gesendet, später begegnet das Kind genügend anderen Personen, die einige von diesen z. T. verfüherischen Aufforderungen ebenfalls benutzen.

Streßauslösende Botschaften sind vor allem: 1. Du bist nicht okay. Du bist böse. Du bist nicht gut genug. – 2. Du mußt der (die) Beste sein. – 3. Du bist mir (Vater/Mutter) verpflichtet und Großvater und deinem Lehrer und deinem Chef usw. – 4. Streß ist das Zeichen von Auserwählten. – 5. Die Welt ist schlecht. – 6. Ich habe es geschafft! (z. B. das Abitur, das Studium) Und ich erwarte dasselbe von dir! – 7. Du verdienst von allem das Beste. – 8. Es gibt nichts, was du nicht erreichen kannst. – 9. Du und ich – gegen den Rest der Welt! – 10. Sorge für dich selbst zuerst. – 11. Warte nur, eines Tages hört aller Streß auf.

Es ist unerheblich, wenn die Teilnehmer nicht alle dieser Botschaften herausfinden. Wichtig ist, daß sie einige dieser unbekömmlichen Bonbons selbst identifizieren und analysieren.

Teilnehmer

ab 14 Jahren

Zeit

ca. 90 Minuten

Material

Papier DIN A3, Konstruktionskarton, verschiedene Farben, Scheren, Klebstoff, Schreibzeug, Ölkreiden und Filzschreiber

Anleitung

Unser Streß beginnt in der Familie. Zumeist aus Liebe und übergroßem Wunsch, einander zu beschützen, sagen die Familienmitglieder einander Dinge, die sich später als Belastung erweisen. Kennt ihr Beispiele?...

Wenn zum Beispiel eine Mutter zu ihrem Kind sagt: „Vergiß deinen Lehrer, du hast recht!" – dann kann diese Ermutigung bei einem kleinen Kind schon Verwirrung stiften.

Ich möchte, daß ihr gleich versucht, gutgemeinte, aber später Belastungen auslösende Botschaften aus der Familie herauszufinden. Und natürlich geht es nicht um eure eigene Familie, sondern um eine ganz durchschnittliche Familie.

Mit welchen Teilnehmern möchtet ihr gern in einer Gruppe zusammenarbeiten?... Kommt bitte immer zu viert zusammen...

Ich möchte, daß ihr gleich eine typische Familienlandschaft herstellt, indem ihr ganz schablonenhaft die Figuren, die dazugehören, aus Karton ausschneidet und aufklebt. Also, auf jeden Fall gehört ein Kind eures Alters in diese Familie, vielleicht auch ein wenig jünger, und dann die übrigen Familienmitglieder. Entscheidet, wer das alles sein soll – Eltern, Großeltern, Geschwister, Tanten, Onkel, Freunde des Hauses. Und klebt die einzelnen Figuren irgendwie passend auf. Und nachher ordnet den einzelnen Figuren Sprechblasen zu, eine oder mehrere, die dann die Dinge ausdrücken, die dem Kind in guter Absicht mit schwierigem Ende gesagt werden.

Habt ihr verstanden, was ich meine?... Ihr habt 45 Minuten Zeit...

Lassen Sie die Gruppen berichten und ihre Produktionen vorstellen. Dann Auswertung.

Auswertung

– Wie hat mir das Experiment gefallen?
– Was hat mich neugierig gemacht?
– Worüber denke ich nach?
- Welche Botschaften spielen in meiner Familie eine Rolle?
– Welche Botschaften sind auf den ersten Blick sehr nett?
– Wie kann man sich als Kinder von solchen Botschaften distanzieren, ohne die Eltern usw. vor den Kopf zu stoßen?
– Was möchte ich sonst noch sagen?

Wie man sich selbst Streß machen kann

59

Ziele
Der Vorteil dieser Struktur ist es, daß Vorwürfe und Schuldzuweisungen an die Eltern noch stärker zurücktreten als im vorangehenden Experiment. Hier kann der Jugendliche aus der Ich-Perspektive die vorgegebenen Streß erzeugenden Gedanken und Maximen stillschweigend mit den eigenen Anschauungen vergleichen. Die Aufgabe arbeitet wieder mit einer fiktiven Person, so daß bei dieser heiklen Thematik ein indirektes Lernen möglich ist.

Teilnehmer
ab 14 Jahren

Zeit
ca. 90 Minuten

Material
Teilnehmermaterial „Wie man sich selbst Streß machen kann", Papier und Bleistift

Anleitung
Belastungen verschafft uns das Leben: unsere Aufgabe, die Leute, mit denen wir zu tun haben, das Schicksal. Von einem gewissen Alter an kann man sagen, daß wir uns Streß vor allem selbst bereiten.

Versteht ihr, was ich meine?...

Ich möchte, daß ihr einige weitverbreitete Gedanken einmal überprüft im Blick auf ihre praktischen Konsequenzen. Ich habe ein Formular für euch vorbereitet mit einer schriftlichen Aufgabe. Lest euch den Text zunächst durch. Ihr habt dann 30 Minuten Zeit...

Die Teilnehmer lesen ihre Arbeiten vor, dann Auswertung.

Auswertung

– Wie hat mir das Experiment gefallen?
– Worüber lohnt es sich für mich nachzudenken?
– Welchen Satz finde ich nicht plausibel?
– Welchen Satz finde ich für mich persönlich überprüfenswert?
– Welcher Monolog hat mir besonders gut gefallen?
– Was möchte ich sonst noch sagen?

(Teilnehmermaterial)

Wie man sich selbst Streß machen kann

Du findest im folgenden eine Reihe von Überzeugungen, die leicht dazu führen können, daß wir uns unter dauernden Streß setzen, wenn wir sie befolgen. Wähle einen dieser Grundsätze aus, der dich aus irgendeinem Grund interessiert. Erfinde dann einen Menschen in deinem Alter oder etwas jünger bzw. älter, der so denkt.
Denke dir eine Situation aus, in der diese erfundene Person einen Monolog hält, in dem sie über ihr Leben nachdenkt und sich dem Leser vorstellt. Schreibe den Monolog auf und zeige die Konsequenzen der mit dem Satz gegebenen Lebenshaltung. Gib deinem Helden auch einen Namen.

1. Ich bin nicht so gut wie die anderen, und ich werde es nie sein.

2. Ich muß der Beste sein.

3. Ich muß die Ansprüche von Vater, Mutter, Großvater, Großmutter, Lehrer und Pfarrer alle erfüllen.

4. Nur wenn ich mich abschufte, bin ich wertvoll.

5. Ich finde die Welt schlecht.

6. Ich muß alles so gut machen wie Vater/Mutter.

7. Ich verdiene von allem das Beste.

8. Es gibt nichts, was ich nicht erreichen könnte.

9. Ich und Mutter/Vater gegen den Rest der Welt.

10. Ich komme zuerst.

11. Wenn ich nur abwarte – eines Tages hört alle Mühe für mich auf.

60 Loyalitäten

Ziele

Die Teilnehmer haben hier Gelegenheit, sich eine Übersicht zu verschaffen, ob ihre inneren Verpflichtungen ein passendes „Volumen" haben. Kinder, die sich innerlich zu wenig Personen gegenüber verpflichtet fühlen, leiden an Konfusion und erleben dadurch viel Streß. Dasselbe gilt für Kinder mit zu vielen Loyalitäten.

Bei der Frage des rechten Maßes gibt es natürlich keine feste Formel. Der Vergleich untereinander sensibilisiert die Teilnehmer hier. Außerdem können Sie als Gruppenleiter vorsichtige Hinweise geben.

Teilnehmer

ab 14 Jahren

Zeit

ca. 60 Minuten

Material

Papier und Bleistift

Anleitung

Wem fühlt ihr euch verpflichtet? Wenn ihr Entscheidungen trefft, wenn ihr Pläne macht, wenn es um euren guten Ruf geht, um die Konsequenzen eures Verhaltens: an wen denkt ihr dann automatisch?

Geben Sie der Gruppe passende Beispiele.

Bitte malt ein schematisches Bild, das euch selbst zeigt und die Leute, denen ihr euch verpflichtet fühlt. Gebt jeder Person eine passende Figur mit passendem Umriß und passender Größe und passendem Abstand zu euch. Das könnte so aussehen:

Habt ihr verstanden, wie das geht?... Laßt euch 20 Minuten Zeit...

Lassen Sie die Teilnehmer in Quartetten ihre Diagramme zeigen und besprechen. (20 Minuten) Dann Auswertung.

Auswertung

– Wie hat mir das Experiment gefallen?
– Wie viele enge und verpflichtende Beziehungen habe ich?
– Welche Personen haben den wichtigsten Anspruch auf meine Loyalität?
– Neige ich dazu, mich zu sehr zu engagieren?
– Neige ich dazu, mich zu wenig zu engagieren?
– Worauf bin ich neugierig?
– Was hat mich angeregt?
– Was möchte ich sonst noch sagen?

61 Reaktionen auf Streß

Ziele
Hier können jugendliche Teilnehmer ihr vorhandenes Wissen über ineffektive Reaktionen auf Streß zusammenbringen und so voneinander lernen. Die vorgeschlagene Perspektive (Kinder, die jünger sind als ihr) gibt Entlastung und läßt das eigene Gesicht wahren.

Teilnehmer
ab 14 Jahren

Zeit
ca. 60 Minuten

Material
Papier und Bleistift

Anleitung
Welche Beobachtungen habt ihr bisher gemacht, wie kleinere Kinder als ihr selbst auf Belastungen reagieren? Was tut zum Beispiel ein sehr, sehr ehrgeiziges Kind? Wie bewältigt es seinen Streß? Und was tut ein Kind, das nichts von sich hält? Was tut ein Kind, das keine Freunde findet?...

Ich möchte, daß ihr in kleinen Gruppen eure Beobachtungen zusammenstellt. Kommt zu viert zusammen...

Schreibt ein paar Verhaltensweisen auf, wie Kinder unter Streß reagieren, wie sie ihre Dauerbelastung ausgleichen. Benutzt Beobachtungen, die ihr im Leben machen konntet. Betrachtet vor allem Kinder, die jünger sind als ihr heute.

Habt ihr verstanden, was ich meine?... Laßt euch 30 Minuten Zeit und schreibt auf, was ihr gemeinsam herausfindet...

Lassen Sie die Gruppen berichten. Dann Auswertung.

Auswertung

- Wie hat mir das Experiment gefallen?
- Was beschäftigt mich jetzt?
- Was erleichtert mich? Was belastet mich?
- Was hilft einem Kind oder Jugendlichen, der sich zu sehr belastet fühlt?
- Wie löst sich eine Belastung manchmal auf?
- Was möchte ich sonst noch sagen?

62 Einsamkeit

Ziele

Einsamkeit ist fast immer der psychische Begleiter von gestreßten Kindern und Jugendlichen. Ihnen fehlt die kompetente und zugewandte Aufmerksamkeit der Eltern, die sie anleiten und die ihnen vormachen können, wie man genügend tüchtig und genügend glücklich das Leben bestehen kann.

Je weniger ein Kind damit rechnen kann, daß die Eltern Unterstützung und Anleitung geben können, daß die Eltern Wärme und Aufmerksamkeit für sie aufbringen können, desto einsamer muß es sich fühlen.

Wenn das Kind Glück hat, können Geschwister, Freunde, andere Erwachsene einen Teil des benötigten Schutzdaches sein.

Dies ist ein vorsichtiges und unterstützendes Experiment zu diesem schwierigen Thema, das für Sie als Gruppenleiter diagnostisch wertvoll und für die betroffenen Kinder hilfreich sein kann. Es benutzt eine klassische Märchenstruktur und gibt indirekt erste Antworten.

Teilnehmer

ab 10 Jahren

Zeit

ca. 60 Minuten

Material

Papier und Bleistift, Zeichenpapier, Ölkreiden

Anleitung

Bei welchen Gelegenheiten seid ihr gern allein? Wenn ihr lest? Wenn ihr Musik hört? Wenn ihr etwas baut?... Bei welchen Gelegenheiten seid ihr gern mit anderen zusammen? Beim Frühstück? Beim Spielen? In den Ferien?... Bei welchen Gelegenheiten seid ihr nicht gern allein?...

Wißt ihr, was Einsamkeit ist?... Wann fühlen sich kleine Kinder einsam?... Wann fühlen sich Kinder in eurem Alter einsam?...

Ich möchte, daß ihr miteinander lernt, was man machen kann, wenn man einsam ist.

Wählt euch ein Kind als Partner, mit dem ihr zusammenarbeiten mögt... Stellt euch nun eine Situation vor, die in einem Märchen vorkommen könnte. Es waren einmal zwei Kinder in eurem Alter. Jedes lebte in seiner Familie. Jedes liebte seine Eltern, und die Eltern liebten das Kind. Es war eine ganz normale Familie, die Eltern sorgten dafür, daß die Familie leben konnte. Manchmal gab es Spannungen und Streit, dann fand eine Versöhnung statt.

Eines Tages waren die beiden Kinder nicht zu Haus. Als sie zurückkamen, konnten sie das Haus mit ihrer Familie nicht wiederfinden. Es war verschwunden, verschwunden mit allen Menschen, Eltern, Geschwistern, verschwunden mit Hund und Katze. Jedes der Kinder bekam einen großen Schrecken und dachte: „Nun bin ich ganz allein. Ich kann hier nicht bleiben. Ich gehe in die weite Welt. Vielleicht finde ich jemanden, der seine Einsamkeit mit mir teilt."

Jedes Kind ging von zu Hause fort. Und nach einer Weile trafen sich die beiden Kinder. Sie stellten fest, daß sie das gleiche Schicksal getroffen hatte. Und sie beschlossen zusammenzubleiben, um so leichter mit ihrer schwierigen Lage fertigzuwerden.

Soweit will ich diese Geschichte erzählen. Ich möchte nun, daß ihr hier weitermacht. Ihr könnt entscheiden, ob ihr gemeinsam ein Bild malen wollt, das beide Kinder zeigt, nachdem sie sich gefunden haben und beschließen, zusammen weiterzugehen. Wie sieht es für die Kinder aus? Was fühlen sie? Was werden sie tun?

Ihr könnt euch auch eine Unterhaltung zwischen den beiden Kindern ausdenken und diese Unterhaltung aufschreiben. Was denken sie über ihre Lage? Was beschließen sie? Wie trösten sie einander? Wie einigen sie sich?

Oder ihr könnt die Geschichte gemeinsam zu Ende schreiben. Schreibt das Märchen weiter und gebt ihm, wenn ihr soweit kommt, irgendein Ende. Ihr wißt, die Märchen haben oft am Schluß den Satz: „Und wenn sie nicht gestorben sind, dann leben sie noch heute."

Habt ihr verstanden, was ich meine?... Nehmt euch 30 Minuten Zeit...

Lassen Sie möglichst viele Arbeiten vorstellen. Dann Auswertung.

Auswertung

- Was habe ich herausgefunden?
- Wie bin ich mit meinem Partner ausgekommen?
- Wessen Arbeit hat mir gut gefallen?
- Welche verschiedenen Möglichkeiten sind in der Gruppe gefunden worden, was die Kinder tun könnten? Welche fand ich am besten?
- Wann habe ich mich bisher einsam gefühlt?
- Wie kommt die Einsamkeit von Kindern zustande?
- Können Erwachsene Kinder verstehen?
- Können Kinder Kinder verstehen?
- Wie gut fühle ich mich hier verstanden?
- Was möchte ich sonst noch sagen?

63 Ratgeber für Himmel und Hölle

Ziele

Für Jugendliche ist dies eine sehr schöne Möglichkeit, ziemlich frei über Situationen hohen und minimalen Stresses nachzudenken und die eigenen Gedanken und Bilder dazu in eine interessante und altersgemäße Form zu bringen. Mit Hilfe der Metaphorik von Himmel und Hölle können die Jugendlichen ihr eigenes Wissen darüber artikulieren; was der Mensch tun kann, um sich unzumutbar zu belasten bzw. die Bürde auf den eigenen Schultern zu einem leichteren luftigen Bündel zu machen.

Besonders geeignet ist es als Schlußexperiment einer Lerneinheit über Streß oder über irrationale Annahmen, Verhaltensprobleme, Gesundheit oder Selbstkonzept.

Teilnehmer

ab 14 Jahren

Zeit

ca. 75 Minuten

Material

Papier und Bleistift

Anleitung

Wir haben verschiedene Möglichkeiten, die Lasten zu bewegen, die uns das Leben auferlegt. Jeder von euch weiß aus Erfahrung, daß es ein Leben ohne Last nicht gibt. Aber wir haben die Wahl: Wir können es wie Sisyphus machen, der seinen großen Fels wieder und wieder den Berg hinaufrollen mußte, um zu erleben, daß er von vorn anfangen mußte. Und ihr kennt auch die Vorgehensweise von Hans im Glück, der es verstand, seine Bürden leichter zu machen, um dann federnd durchs Leben zu gehen.

Ich möchte euch zu einem kleinen Experiment einladen. Denkt einmal an Situationen, in denen ihr euch besonders wohl fühlt. Habt ihr dann manchmal den Eindruck, daß es für euch wie im Himmel ist?... Seid ihr auf dieser Erde häufig genug wie im Himmel?...

Und denkt auch einmal an Situationen, in denen ihr euch besonders belastet fühlt. Wann geht es euch wirklich schlecht? Fühlt sich das für euch dann wie eine Art Hölle oder Vorhölle an?...

Und kennt ihr andere Menschen, die den Himmel auf Erden erleben können oder konnten?... Kennt ihr andererseits Menschen, die häufig die Hölle auf Erden erleben oder erlebten?... Und wie kommt das? Ist das Schicksal?... Glück oder Unglück?...

Was tut der Mensch selbst dazu, Himmel oder Hölle zu erleben?...

Schreibt einen kleinen Ratgeber, der Schritt für Schritt erklärt, was ein Mensch tun muß, damit er entweder den Himmel auf Erden oder die Hölle auf Erden erlebt. Was muß er tun, denken, unterlassen, fühlen, träumen, glauben, um entweder Himmel oder Hölle zu erleben? Überlegt auch, für wen ihr den Ratgeber schreiben wollt. Für euch selbst? Für einen Freund? Für einen Feind? Für Mitglieder eurer Familie? Für wen sonst?

Habt ihr verstanden, was ich meine?... Laßt euch 45 Minuten Zeit...

Sie können die Teilnehmer einen kurzen Erfahrungsaustausch mit einem Partner vornehmen lassen. Danach sollte eine Reihe von Ratgebern vorgelesen werden. Dann Auswertung im Plenum. – Sehr oft wünschen die Teilnehmer, Exemplare aller Ratgeber zu erhalten. Fragen Sie Ihre Gruppe.

Auswertung

– Wie hat mir das Experiment gefallen?
– Was war besonders erfreulich?
– Was war schwierig?
– Worüber denke ich nach?
– Wie fühle ich mich jetzt?
– Welche Ratgeber haben mich besonders interessiert?
– Für wen habe ich meinen Ratgeber verfaßt?
– Was möchte ich sonst noch sagen?

TRÄUME

64 Traum eines Objekts

Ziele

Jeder Erwachsene träumt jede Nacht einige Traumsequenzen. Und Kinder träumen noch häufiger. Wir dürfen vermuten, daß unser unbewußter Geist im Traum viele geistige Arbeiten fortsetzt, die wir bei Tage begonnen haben. Es scheint so zu sein, daß dabei auch Einsichten möglich werden, die unserem Bewußtsein nicht zugänglich wären.

Dabei steht es uns frei, uns an unsere Träume zu erinnern oder sie gleich wieder zu vergessen. Das geht Kindern und Erwachsenen so.

Wenn wir uns in Gruppen mit Kindern und Jugendlichen den Träumen zuwenden, ist das in gewisser Weise ein Luxus, vielleicht ein fruchtbarer. Tun Sie das dann, wenn Sie selbst neugierig auf Ihre Träume sind. Sonst kann es geschehen, daß Sie plötzlich eigene Träume erinnern, von denen Sie eigentlich keine Kenntnis nehmen wollten.

Träume faszinieren Kinder und Jugendliche. Plötzlich werden Kinder aktiv, die zuvor lange geschwiegen haben. Sie werden von der Macht ihrer Träume ergriffen. Und natürlich sind nicht alle Träume sanft und schön. Oft benutzen unsere Träume eine auf den ersten Blick abstoßende oder erschreckende Metaphorik, die uns nicht sogleich zugänglich ist.

Die Experimente dieses Kapitels können Kindern und Jugendlichen helfen, sich mit ihren Träumen zu befreunden, ihre Träume besser zu erinnern, ein Gefühl für die Symbolsprache der Träume zu entwickeln sowie zu lernen, Träume zu beenden bzw. Angstträumen einen positiven Schluß zu geben. Wenn Sie genügend Erfahrung haben, können Sie natürlich auch vorsichtig helfen, die Symbolsprache der Träume zu dechiffrieren. Das kann für Kinder und Jugendliche sehr nützlich sein. Es ist jedoch nicht erforderlich und in diesem Zusammenhang auch nicht angestrebt.

Weil Träume zum Intimsten des Menschen gehören, sollten Sie nur dann mit einer Gruppe an diesem Thema arbeiten, wenn die Teilnehmer Sie als Gruppenleiter gut kennen und auch die Gruppe intern vertrauensvoll und akzeptierend zusammenarbeitet.

In diesem ersten Experiment können die Kinder einen ersten Schritt in die Arbeit mit Träumen tun. Sie lassen irgendein Objekt einen Traum haben und geben sich selbst damit indirekt die Genehmigung, auch zu träumen und Träume nach dem Erwachen zu behalten. Vermeiden Sie bitte, die entstandenen Träume als Projektion zu behandeln. Das würde die Entwicklung nur stören.

Teilnehmer
ab 10 Jahren

Zeit
ca. 60 Minuten

Material
Papier und Bleistift

Anleitung
Nachts, wenn wir schlafen, träumen wir. Und wenn wir aufwachen, wissen wir manchmal noch, was wir geträumt haben.

Seid ihr schon einmal mitten in der Nacht aufgewacht, weil ein Traum unheimlich war?... Manche Träume sind auch sehr angenehm. Seid ihr schon einmal nachts aufgewacht, weil ein Traum so schön war?...

Stellt euch vor, daß auch Dinge träumen können. Sonst wäre es für die Dinge auch richtig langweilig – nur da zu sein und nichts zu denken.

Sucht euch irgendein Ding aus, das euch interessiert. Vielleicht etwas aus diesem Raum, vielleicht etwas von zu Hause oder sonst etwas...

Und nun denkt euch einen Traum dieses Gegenstandes aus. Also wenn ihr zum Beispiel den Traum eurer Zahnbürste aufschreiben wollt, dann stellt euch vor, daß sie wie eine Person Wünsche und Ängste hat. Soll sie dann träumen, einmal einen anderen Mund als euren kennenzulernen? Oder hat sie einen schlechten Traum, daß ihr Sie alt findet und sie einen traurigen Weg zum Müll gehen wird? Oder träumt sie von einer neuen Zahncreme, von neuem Mundwasser, mit dem zusammen sie die Zähne pflegen wird?...

Habt ihr verstanden, was ich meine?... Denkt euch einen solchen Traum des Gegenstandes aus und schreibt ihn auf. Ihr habt 20 Minuten Zeit...

Möglichst viele Teilnehmer lesen ihre erfundenen Träume vor.

Auswertung
- Wie hat mir das Experiment gefallen?
- Hat jemand in der Gruppe Symbole verwendet, wie sie in Träumen vorkommen?
- Welcher Traum hat mir gut gefallen?
- Wie leicht war es für mich, einen Gegenstand träumen zu lassen?
- Was möchte ich sonst noch sagen?

65 Traum eines Prominenten

Ziele
Auch dieses Experiment kann der Heranführung an die Arbeit mit seinen Träumen dienen. Für alle jene Teilnehmer, die sich scheuen, ihre eigenen Träume zu erinnern, ist so eine Aufgabe eine gute Möglichkeit, ein wenig die Tür zum eigenen unbewußten Geist zu öffnen.

Teilnehmer
ab 14 Jahren

Zeit
ca. 60 Minuten

Material
Papier und Bleistift

Anleitung
Manchmal können wir in unseren Träumen ein Thema weiterverfolgen, das uns am Tag beschäftigt hat. Manchen Menschen fallen im Traum sogar Lösungen zu schwierigen Problemen ein. Manchmal bringen die Träume solche Dinge, die wir bei Tage übersehen und zu kurz kommen lassen.

Die Träume meinen es gut mit uns und wollen uns helfen, mit unseren Aufgaben zurechtzukommen.

Oft können wir sie nicht auf den ersten Blick verstehen, und manchmal wollen wir sie vielleicht auch nicht verstehen.

Ich möchte, daß ihr den Traum irgendeiner prominenten Person erfindet. Überlegt eine Weile, welcher Mensch euch interessiert. Ein Künstler? Ein Wissenschaftler? Ein Sportler? Ein Politiker? Es kann ein Mensch sein, der noch lebt. Es kann jemand sein, der schon lange tot ist. Es kann eine Person aus der Literatur sein oder aus einem Film. Wählt jemanden, der euch reizt, im Guten oder im Bösen.

Und denkt dann eine Weile über diese Person nach. Schlüpft in ihre Schuhe, geht in ihre Haut, betrachtet die Welt aus ihren Augen. Was würdet ihr als diese Person wohl träumen? Wie klar soll der Traum sein? Würde diese Person ganz klare Träume haben? Oder kann sie eher etwas verschlüsselte Träume gebrauchen?

Schreibt den Traum auf, als wäret ihr diese Person, also in der Ich-Form. Am Ende gebt dem Traum auch eine Überschrift.

Habt ihr verstanden, was ich meine?... Laßt euch 30 Minuten Zeit...

Lassen Sie zunächst mitteilen, welche Figuren gewählt und welche Titel gefunden wurden. Möglichst viele Träume sollen dann vorgelesen werden.

Auswertung

– Wie hat mir das Experiment gefallen?
– Was hat mich neugierig gemacht?
– Wessen Traum spricht mich an?
– Was war leicht, was war schwer für mich?
– Was möchte ich sonst noch sagen?

66 Einen eigenen Traum erfinden

Ziele

Dieses Experiment kommt all denen entgegen, die Schwierigkeiten haben, sich an ihre Träume zu erinnern. Jeder ist frei, einen echten Traum aufzuschreiben oder eine fiktiven. Gleichwohl ist das schon eine recht persönliche Aufgabe, bei der sorgsam darauf zu achten ist, daß die Arbeit geschützt wird, wenn die Kinder dieses wünschen.

Teilnehmer

ab 10 Jahren

Zeit

ca. 45 Minuten

Material

Papier und Bleistift

Anleitung

Es ist nicht notwendig, daß wir alle unsere Träume erinnern. Wichtig ist, daß wir beim Träumen nicht gestört werden. Auf irgendeine geheimnisvolle Weise können uns auch die „vergessenen“ Träume helfen.

Ich möchte, daß ihr gleich einen Traum erfindet, den ihr geträumt haben könntet. Entscheidet, für welche Zeit eures Lebens ihr euch diesen Traum ausdenken wollt. Für die Zeit vor der Schule? Für das erste Schuljahr? Für die Zeit von heute? Ihr könnt auch entscheiden, ob das ein normaler Traum sein soll oder ein Angsttraum. Und wenn ihr wollt, könnt ihr auch Dinge hineinbringen, die ihr vielleicht tatsächlich schon einmal geträumt habt.

Bitte entscheidet erst nachher, ob das eine Arbeit ist, die ihr in der Gruppe vorlesen wollt oder nicht. Ich möchte, daß wir die Träume, die mit uns selbst zu tun haben, sehr sorgsam behandeln.

Habt ihr verstanden, was ich meine?... Laßt euch 30 Minuten Zeit, um diesen Traum aufzuschreiben...

Fragen Sie zunächst nach den Erfahrungen bei der Aufgabe. Freiwillige können dann ihren Traum vorlesen.

Traum-Tausch

Ziele

Dies ist ein reizvolles Experiment für ältere Kinder. Es ermöglicht eine interessante Partnerarbeit und bereitet auf den kreativen Umgang mit eigenen Träumen vor, auf Traum-Komplettierung und Traumveränderung.

Teilnehmer

ab 14 Jahren

Zeit

ca. 90 Minuten

Material

Papier und Bleistift

Anleitung

Kennt ihr das? Ihr wacht auf und wißt noch genau, was ihr geträumt habt. Nur scheint der Traum kein richtiges Ende zu haben. Irgend etwas ist offengeblieben. In solchen Fällen ist es manchmal interessant, den Traum im Wachen irgendwie zu Ende zu bringen, wie wir es uns wünschen. Ihr könnt das später einmal probieren.

Heute können wir eine Vorübung dazu ausprobieren.

Schreibt bitte den Anfang irgendeines Traumes auf, an den ihr euch erinnern könnt. Wenn euch kein Traum einfällt, dann denkt euch irgendeinen Traumanfang aus, den ihr geträumt haben könntet. Laßt euch dafür 10 Minuten Zeit...

Nun gebt eure Aufzeichnungen dem Nachbarn... Und jetzt schreibt den begonnenen Traum, der vor euch liegt, zu Ende. Laßt euch wieder 10 Minuten Zeit...

Lassen Sie zunächst die Partner intern erzählen und kurz über ihre Reaktionen sprechen. Dann können im Plenum einige dieser ergänzten Träume vorgelesen werden. Anschließend Auswertung.

Auswertung

- Wie hat mir das Experiment gefallen?
- Was habe ich herausfinden können?
- Welche Themen wurden in den Träumen ausgedrückt?
- Was hat mich gefreut oder geärgert?
- Was möchte ich sonst noch sagen?

68

Ein eigener Traum

Ziele
Ein im Gedächtnis behaltener Traum oder mit Stichworten morgens festgehaltener Traum wird aufgeschrieben. Dazu sollen die Kinder die Träume einer Woche sammeln und so das Erinnern von Träumen üben.

Diese einfache handwerkliche Arbeit an eigenen Träumen gibt den Kindern meistens ein lebendiges Interesse an ihren Träumen – ohne sie durch zu weitreichende Interpretationen zu verschrecken. Der Einblick in fremde Träume gibt zusätzliche Sicherheit den eigenen Träumen gegenüber.

Teilnehmer
ab 10 Jahren

Zeit
ca. 60 Minuten

Material
Papier und Bleistift

Anleitung
Bitte sammelt die Träume, die ihr erinnern könnt, eine Woche lang. Damit ihr die Träume beim Aufwachen nicht gleich vergeßt, könnt ihr folgendes tun: Ihr könnt euch abends vornehmen, euch am nächsten Morgen den Traum zu merken. Zur Unterstützung könnt ihr Papier und Bleistift neben das Bett legen und beim Erwachen den Traum gleich aufschreiben.

(Nach dieser Woche:) Sucht euch aus eurer Traumsammlung irgendeinen Traum aus, der euch interessiert. Schreibt den Traum nun in der Gegenwart auf, als ob ihr alles gerade jetzt träumt. Laßt euch 15 Minuten Zeit...

Ältere Kinder können anschließend den Traum als Geschichte schreiben, in der dritten Person, um dann beide Versionen zu vergleichen. – Möglichst viele Freiwillige können ihren Traum vorlesen. Dann Auswertung.

Auswertung

- Wie hat mir das Experiment gefallen?
- Wie gelang es mir, Träume zu sammeln?
- Wie finde ich die Träume der anderen?
- Was freut mich, was ärgert mich?
- Wie finde ich meinen Traum als Geschichte?
- Welche Fassung gefällt mir besser?
- Was möchte ich sonst noch sagen?

Den Traum beenden

Ziele
Die Teilnehmer können einen für sie unvollständig gebliebenen Traum beenden.

Teilnehmer
ab 14 Jahren

Zeit
ca. 60 Minuten

Anleitung
Manchmal haben wir beim Aufwachen den Eindruck, daß der Traum, an den wir uns erinnern, keinen richtigen Abschluß hat. Die Handlung ist nicht zu Ende geführt, und wir fühlen uns mehr oder weniger unbefriedigt.

In solchen Fällen können wir versuchen, den Traum noch ein Stück weiterzuführen und ihm versuchsweise in unserer Phantasie einen Abschluß zu geben. Dabei will ich euch jetzt helfen.

Nimm eine bequeme Position ein und schließ die Augen... Laß in dir einen leeren Platz entstehen... Alle Ablenkungen, Gedanken und Ängste, die mit der Außenwelt zu tun haben, werden diesen leeren Platz mitten in dir nicht mehr erreichen können. Auch alle Gefühle, Bilder und Befürchtungen, die mit deiner persönlichen inneren Welt zu tun haben, werden diesen inneren leeren Platz respektieren... Atme regelmäßig ein und aus und überlasse dich dem Rhythmus der Atmung...

Die Energie deines Atems trägt ebenfalls dazu bei, daß mitten in dir dieser leere Platz noch etwas größer wird...

Jetzt, wo du entspannt und bereit bist, laß einen Traum wieder in dir auftauchen, der in irgendeiner Weise offengeblieben ist. Konzentriere dich auf die Einzelheiten und beschreibe sie für dich selbst. Laß auch die Figuren aus dem Traum wieder auftauchen. Wenn es dir passend erscheint, laß auch die Handlung des Traums noch einmal einsetzen. Stell dich darauf ein, daß du selbst oder andere Figuren aus dem Traum diesmal vielleicht etwas anders handeln oder ihre Handlungen weiter durchführen. Wer weiß?! Überlaß dich der Entwicklung und sieh zu, was passiert...

Was passiert jetzt in deinem Traum? Laß die Bilder sich bewegen und entwickeln. Der Traum wird wieder lebendig, wenn du den Dingen ihren Lauf läßt. Laß den Traum sich entwickeln, bis er einen natürlichen Schlußpunkt gefunden hat, oder geh nur bis zu dem Punkt, an dem du sagst: Stop. Ich habe jetzt genug erlebt!... (3 – 5 Minuten)

Behalte alles gut im Gedächtnis und komm langsam aus deiner Phantasie zurück, und öffne dann die Augen und schau dich hier in der Gruppe um...

Die Teilnehmer bilden Paare und erzählen einander ihre Träume bzw. sprechen über ihre Erfahrungen. Danach Auswertung im Plenum. Fragen Sie nach Träumen, die auch vor der Gruppe noch einmal erzählt werden.

Auswertung

– Wie hat mir das Experiment gefallen?
– Was habe ich erfahren?
– Was kann ich mit meinem beendeten Traum anfangen?
– Was konnte ich aus den anderen Träumen lernen?
– Wie fühle ich mich jetzt?
– Was möchte ich sonst noch sagen?

Traum malen

Ziele
Die Kinder können einen Traum oder Angsttraum malen, an den sie sich erinnern.

Teilnehmer
ab 10 Jahren

Zeit
ca. 60 Minuten

Material
Zeichenpapier, Ölkreiden oder Deckfarben, Pinsel

Anleitung
Nehmt irgendeinen Traum, an den ihr euch erinnern könnt und der euch interessiert. Malt die Teile des Traums, die euch beschäftigen, die ihr gern verstehen möchtet, die euch sofort aufgefallen sind. Und auf ein zweites Blatt malt etwas Nebensächliches aus dem Traum, ein paar Kleinigkeiten.

Laßt euch 30 Minuten Zeit...

Anschließend zeigen die Kinder ihre Bilder, und Freiwillige berichten. Dann Auswertung.

Auswertung
- Wie hat mir das Experiment gefallen?
- Was habe ich dabei erfahren?
- Welche Art Traum habe ich gewählt, einen sanften oder einen aufregenden?
- Was sagt mir mein erstes Bild?
- Was sagt mir mein zweites Bild?
- Wessen Traumbilder machen mich neugierig?
- Was möchte ich sonst noch sagen?

71

Angsttraum verändern

Ziele

Angstträume sind meist Träume, die unser bewußter Geist noch nicht verstanden hat. Unsere oberflächliche Reaktion ist Befremdung, Unbehagen, Angst. Wenn wir den Angsttraum besser verstehen und seine Botschaft mit unserem Leben sinnvoll verbinden können, wird aus Angst Befriedigung. Die Teilnehmer können hier eine Möglichkeit kennenlernen, wie sie mit einem zunächst beunruhigenden Traum weiterarbeiten und zumindest Teile seiner Botschaft herausfinden können.

Teilnehmer

ab 14 Jahren

Zeit

ca. 90 Minuten

Material

Papier und Bleistift

Anleitung

Könnt ihr euch an Angstträume erinnern? Träume, in denen ihr von hoch oben hinabgefallen seid, tiefer und immer tiefer? An Träume, wo ihr verfolgt wurdet? Gefangen wurdet? Vergessen wurdet?...

Angstträume begleiten uns unser Leben lang. Sehr oft tauchen sie auf, wenn wir an wichtigen Stellen unserer Erinnerung stehen. Oft weiß unser unbewußter Geist schon Dinge, die wir mit unserem Verstand noch nicht begreifen. Der Angsttraum soll uns wachrütteln und uns dazu bringen, zu verstehen.

Ich möchte euch einen Weg zeigen, wie ihr einen Angsttraum besser verstehen und seine in der Regel positive Botschaft entziffern könnt.

Schreibt gleich einen Angsttraum auf, den ihr erinnert, oder erfindet einen Angsttraum, wie ihr ihn vielleicht haben könntet. Wenn ihr das getan habt, sage ich, wie es weitergeht... (10 – 15 Minuten)

Nun könnt ihr euch entscheiden, welche der beiden Möglichkeiten ihr wählen wollt. Die erste geht so: Ihr setzt den Angsttraum fort über den Punkt hinaus, wo er durch euer Erwachen abbrach. Laßt den Traum weitergehen und laßt das geschehen, was ihr am meisten fürchtet. Das hört sich etwas riskant an. Andererseits kann euch dieser Schritt helfen, etwas Wichtiges und Neues zu entdecken. Bedenkt, daß die Sprache unserer Träume symbolisch ist. Und ein Berg, von dem wir stürzen, will uns nicht immer vor einer Bergtour warnen. Manchmal sagen wir uns vielleicht nur: Du mußt nicht immer der Beste sein!

Die zweite Möglichkeit ist so: Ihr setzt den Traum ebenfalls fort, verhaltet euch aber anders. Wenn ihr zum Beispiel im Traum weggelaufen seid und euren Verfolgern entkommen wolltet, so könnt ihr jetzt probieren stehenzubleiben, mit den Verfolgern zu sprechen, sie einzuschüchtern und sie vielleicht zu verjagen. In diesem Fall tut ihr etwas, was euch möglich wäre und was euch gefallen könnte. Und da es ja eine Traumgeschichte ist, müßt ihr nicht nur das tun, was ihr aus dem Alltag kennt.

Habt ihr verstanden, was ich meine?... Ihr habt 20 Minuten Zeit...

Lassen Sie die Teilnehmer zunächst in Paaren über ihre Erfahrungen sprechen. Dann Plenum. Einige Freiwillige lesen ihre Arbeiten vor.

Auswertung

- Wie hat mir das Experiment gefallen?
- Was habe ich herausgefunden?
- Was hat mich gefreut?
- Was hat mich gestört?
- Welche verschiedenen Arten von Träumen habe ich zuletzt geträumt?
- Wozu kann man seine Träume benutzen?
- Was möchte ich sonst noch sagen?